KB158972

시작해!! 골프

곁에 두고 그냥 읽자,
골프가 시작된다

서혜진·문성모 지음

골프에 대한 모든 것 **ALL ABOUT GOLF**

시작해!!
골프

Author Profile

서혜진

서울대학교 사범대학 체육교육과 박사
서울대학교 체육교육과 골프 강사

2022	서울대학교 체육교육과 박사 졸업
2020	한국스포츠심리학회 우수논문상 수상
2016	포항시 체육회 감사패 수상
	중등학교 정교사 2급 자격증
	서울대학교 체육교육과 석사 졸업
	(인간운동과학 전공)
2013	아동운동발달 자격증
2012	University of North Carolina at
	Greensboro 졸업(스포츠 의학 전공)

문성모

퍼스트골프라운지 소속

2022	마크앤로나-혼가먼트 모델
2020~21	스릭슨 의류 모델
2019	스릭슨 드라이버, 볼 광고 모델
2018	데상트 골프의류 모델
2015	카스코 광고 모델
2010~15	KPGA 투어 활동(2010년 입회)
	KPGA 프론티어투어 다수 입상
2010	KPGA 베어리버 챌린지투어 6차전 준우승
	TPI Level 1/Trackman Level 1/PEAK Level 1
*	TV조선 '골프왕 시즌2' 출연
	SBS골프 '도전 슈퍼스타 시즌2' 출연
	JTBC '루키챔피언십' 대회 출전

골프…… 참 어려운 운동이죠? 하면 할수록 모르겠고 어려운 것이 골프임을 다들 한 번쯤 느꼈을 겁니다. 잘 되다가도 안되는 게 골프고, 안되다가도 잘되는 게 골프니, 이를 그만둘 수도 없습니다.

이처럼, 우리는 즐기자고 시작한 골프에 시간과 돈을 점점 더 많이 투자하게 되면서 슬슬 지쳐갑니다. 다행히, 진입장벽이 아주 높았던 골프란 운동이 최근 과학기술의 발전으로 많이 대중화되어 라운드에 나가지 않아도 다양한 방식으로 실전과 같은 연습을 할 수 있게 됐고, 유튜브 등의 온라인 영상 미디어를 활용한 학습의 기회도 크게 늘었습니다.

그러나, 골프를 처음 시작하는 입문자에게 이러한 많은 양의 정보가 언제나 득이 되는 것은 아닙니다. 초보 단계에서는 어떤 부문을 수성해야 하는지 스스로 깨닫지 못할 뿐더러, 자신의 문제점을 정확히 파악하지 못합니다. 또한, 개개인의 신체 특성이 다름에도 불구하고 무작정 따라 하다 보니 부상을 입기도 합니다. 이를 최소화하기 위해서 우리는 먼저, 전반적인 골프의 스윙 원리를 이해하고, 도구를 다룰 줄 알아야 합니다.

골프는 다른 구기 종목에 비해 많은 장비를 갖춰야 하고, 모든 장비와 용품들은 과학적으로 설계되어 있습니다. 따라서 하나만 잘 다룰 줄 아는 것이 아니라, 각 클럽에 맞는 운동 기술을 적절히 잘 구사할 수 있어야 하며, 이에 더해 과학적 원리를 이해하고, 심리적인 제어 또한 능숙해야 비로소 하나의 골프를 완성시킬 수 있습니다.

이 책은 골프를 시작하는 입문자와 기초를 탄탄히 잡고 싶은 초급, 중급자 모두, 곁에 두고 오래도록 함께할 수 있도록 골프의 전반적인 정보를 체계적으로 담았습니다. 외국과 한국을 오가며 수년간 골프와 함께했던 저희 두 저자가 골프클럽을 구매하는 과정부터 스윙의 모든 것까지, 줄이고 줄여 한곳에 넣었습니다. 이 모든 것이 결국 여러분의 골프 학습에 도움이 되어 최소한의 시간과 비용으로 최대의 능률을 올리는 것이 저희의 바람입니다.

마지막으로 이 책을 집필하기까지 많은 도움을 주신 김선진 교수님과 서울대학교 운동 행동 실험실 연구원들께 감사드리고, 이 책을 출간해주신 브레인스토어 출판사, 사진Tech Skin, SKLZ, 그림, 장소 제공에 힘써준 퍼스트골프라운지 관계자분들께 감사드립니다. 또한, 골프를 하는 데 있어 많은 귀감이 되었던 김태영 프로골퍼와 890 회원들에게도 감사의 말씀을 전합니다.

2022. 10 서혜진, 문성모

CONTENTS

Chapter 3　**골프, 욕심내기**

이 책은 완벽한 골프 자세를 지녔다고 해서 '스윙머신'이라는 별명으로 불리는 문성모 프로만의 골프 요점과 서울대학교 서혜진 체육학 박사의 효율적인 골프 학습 방법을 모아 담았습니다. 초보자도 쉽게 이해할 수 있도록 골프의 가장 기본적인 자세부터 실전 전략까지 차례로 담았으니, 이제 『시작해!! 골프』와 함께 골프에 대한 모든 것All About Golf를 즐겨보시길 바랍니다.

CHAPTER 1

골프,
첫 만남

최근 들어 골프의 진입장벽이 낮아지며 골프를 시작하는 사람이 크게 늘었다. 특히, MZ세대의 골퍼 유입이 대폭 증가하였는데, 그들은 비용 부담이 적은 스크린 골프를 시작으로 다양한 커뮤니티(동호회, 소모임)를 통해 골프에 대한 재미를 느끼고 있다.

MZ세대들은 자신들이 골프를 즐기는 모습을 활발한 소셜미디어 활동으로 공유하는 것 또한 즐기는데, #골린이 #골프스타그램 #골프웨어 #필드룩 등의 해시태그 키워드를 통해 2040대 여성들이 올리는 골프 인증사진만 각종 SNS에 수만, 수십만 개에 이를 정도다. 또한, 한국의 패션업계에도 골프의류의 런칭과 다양한 프로모션을 통한 '골린이'(골프 입문자를 친근하게 부르는 신조어) 고객 잡기에 나섰고, 방송계 역시 다수의 골프 예능 프로그램과 유튜브 골프 채널을 만들어내며, 중장년층의 전유물로만 여겨지던 골프가 이제 젊은 세대들을 더해 전 연령층에 아우르는 인기 스포츠로 발돋움하였다.

사실 우리나라는 이미 골프 강국이라 해도 과언이 아니다. IMF 시절 맨발의 투혼을 보여준 박세리 선수 시절부터 지금까지 미국프로골프협회LPGA에서의 국내 여자 선수들의 활약이 아주 대단하다. 2019년에는 랭킹 10위 안에 드는 한국 여자프로 선수가 무려 6명 (고진영, 김세영, 이정은6, 박성현, 이민지, 김효주)이었으며, 2020년에는 국내 여자 선수들이 세계랭킹 1~3위를 석권해버렸다(고진영, 김세영, 박인비). 또한, 임성재, 김시우 등의 남자 선수들도 상위권을 유지하며 우승권 경쟁에 박차를 가하고 있다. 이 얼마나 멋지고 가슴 뿌듯한 일인가?

이제는 골프를 직접 즐기기에 좋은 환경이 너무나 잘 갖춰져 있다. 물론 골프장 비용은 또 다른 문제이지만, 스포츠 과학기술의 발전으로 좁은 공간에서도 실제 골프장과 흡사하게 골프를 즐길 수 있는 환경도 얼마든지 있다. 이제 우리는 골프를 시작하기만 하면 된다!

골프의
어원

중세 네덜란드에서 '콜프(Kolf)'를 즐기는 모습을 그린 그림

골프의 어원에 대한 역사가들의 의견은 분분하다. 첫째, 가장 유력한 중론으로 꼽히는 것은 'golf'라는 단어가 '살짝 치다'라는 뜻의 영단어 'cuff'에서 유래되었다는 것이다. cuff의 'c'가 스코틀랜드 식의 'g'로 바뀌며 거프로 발음되고 변화되어, 오늘날의 골프golf가 되었다는 것이다. 두 번째, 네덜란드의 'kolf'라는 놀이로부터 비롯되었다는 설이다. 네덜란드에서는 클럽club을 콜프Kolf라고 부른다. 콜프는 공으로 30cm 정도 되는 표적을 맞히는 놀이로, 이를 본 스코틀랜드 어부들이 콜프를 고향으로 가져가 즐기게 되면서 골프로 부르게 되었다는 설이다. 세 번째, 'golf'가 'gentleman only ladies forbidden'의 약자에서 비롯되었다는 설이다. 여성의 스포츠 참여가 금지되었던 시절로부터 유래된 것으로 보이지만 이는 사실이 아니다.

골프의
역사

1930년대 골프장에서 골퍼들을 담은 사진

기원

골프의 기원으로 꼽히는 세 가지 유력한 설이 있다. 크리켓이나 하키와 비슷한 네덜란드의 놀이가 14세기 무렵 스코틀랜드로 건너가 골프로 변화되었다는 설, 로마제국이 스코틀랜드를 지배할 당시 군사들이 즐겨 했던 놀이가 스코틀랜드에 전해져 남았다는 설, 스코틀랜드의 양치기들이 하던 놀이가 골프로 발전되었다는 설이다. 이외에도 중국이나 다른 나라에서 골프와 비슷한 놀이가 있었다는 설이 있지만, 현재 골프 역사가들이 보는 가장 유력한 기원은 스코틀랜드다.

15세기 중엽, 스코틀랜드의 왕 제임스 2세James II 는 대중이 골프에 빠져 국방을 소홀히 한다는 이유로 골프 금지령까지 내렸으나, 그도 골프의 확산을 막지는 못하였다. 이어 왕족과 귀족들에게도 전파되면서 1744년 신사골프협회의 시작으로 1754년에는 22명의 귀족이 모여 세인트앤드루스 골프Saint Andrews Golf Club를 결성하였다. 1834년에는 윌리엄 4세에 의해 로열 앤드 엔시언트 골프클럽Royal and Ancient Golf Club이 창설되면서 영국 전역의 골프 클럽이 하나로 통

합되었으며, 1860년, 제1회 영국오픈 선수권 대회The open가 프레스트위크Prestwick 코스에서 열리게 되었다. 이는 오늘날 가장 권위 있는 대회로 손꼽히는 디 오픈 챔피언십(브리티시 오픈)으로 이어진다. 이후, 1885년에는 전영 아마추어 선수권 대회가 개최된다. 미국에서는 1894년 미국골프협회USGA와 미국아마추어골프협회가 창설되었고, 다음해인 1895년에 제1회 아마추어선수권 대회와 US 오픈선수권대회가 개최되었다. 그 여파로 유럽은 물론 일본, 한국 등 세계 전역으로 골프가 보급되어 현재에 이르게 됐다. 미국은 골프의 종주국인 영국(스코틀랜드)을 능가하며, 19세기부터 지금까지 우수한 골프선수들을 배출해 세계 골프의 눈부신 성장, 발전을 이끌고 있다.

한국의 골프

1900년경 원산에 세관 관리로 있던 영국인들이 세관 구내에 6홀짜리 골프 코스를 만든 것이 한국 골프의 시초이자 최초의 골프장으로 여겨진다. 이후 1919년에 미국인 댄트H.E. Dant가 설계한 9홀이 효창공원에 설립되었다. 한국에서 본격적으로 골프가 시작된 것은 10년이 지나 1929년 군자리 골프장이 개장되면서부터였다.

군자리 골프장은 현 어린이대공원 터에 위치한 곳으로 당시 전장 6500야드의 18홀의 골프장이었고, 한국 최초의 프로골퍼 연덕춘이 이 군자리 골프장 근처에 살았다. 연덕춘 골퍼가 14살이 되던 해에 군자리 골프장의 캐디로 취직했고, 한 일본인이 아이언을 건네준 것이 연이 되어 골프를 시작하였다. 1941년, 그는 몇 번의 고배 끝에 아시아인 최초로 일본오픈선수권 대회에서 우승을 차지했다.

그러나 일제의 탄압으로 더는 골프를 하기 어려워진 그는 10년 가까이 골프와 거리를 두었다가 해방 이후 1953년, 서울 컨트리클럽이 재건되면서 다시 골프에 도전할 수 있었다. 5년 뒤인 1958년, 연덕춘은 서울 컨트리클럽이 개최한 제1회 프로 선수권 대회에서 우승을 차지했고, 1963년 프로 골프회를 창립하여 현재 한국프로골프협회KPGA의 틀을 마련하였다.

1972년 연덕춘 선수기 키워낸 제자 한장상이 31년 만에 일본오픈에서 우승을 차지하였고, 1986년 골프는 서울아시안게임에서 정식 종목으로 채택되었다. 1996년, 세계 아마추어골프팀 선수권 대회에서 한국 여자팀의 우승을 시작으로 1998년에는 박세리 선수가 미국 여자프로선수권과 미국여자오픈대회에서 우승을 차지했다. 이후 많은 '박세리 키즈'들이 다양한 대회에서 입상하며 한국 골프의 위상에 세계에 드높였다.

1941년, 일본 오픈 골프선수권에서 한국인 최초로 우승한 연덕춘 선수

골프 경기 방법과 규칙

골프는 18홀로 이루어진 라운드에서 가장 적은 횟수로 공을 홀 안에 넣으면 승리하는 경기다. 아마추어 골퍼는 수많은 세부 규칙 때문에 골프가 어렵게 느껴진다고 한다. 그러할 것이 영국 R&A와 미국골프협회USGA 기준으로 200페이지에 달하는 골프 규칙이 있으며, 이는 4년에 한 번씩 개정된다. 모든 규칙을 알고 골프를 시작한다면 더할 나위 없이 좋겠지만, 수많은 규칙에 더해 다양한 로컬 룰local rule까지 알기에는 우리의 골프 경험은 턱없이 부족하다. 따라서 본 책에서는 각기 다른 능력을 가진 골퍼들이 전 세계의 다양한 유형의 코스에서 공통적으로 빈번하게 일어나는 문제들을 중심으로 골프 규칙을 언급하고자 한다.

골프 규칙

골프에는 '핸디캡'이라는 규칙을 통해 누구나 동등한 입장에서 골프를 즐길 수 있다. 물론 프로 경기는 예외다. 핸디캡은 0 ~ 30까지 있으며, 핸디캡 수가 낮으면 낮을수록 골프를 잘 치는 사람이다. 예를 들어 90타를 치는 사람은 기준타수가 72타인 홀에서 핸디캡이 18이다. 따라서 18 핸디캡을 받고 동등한 조건에서 본인의 플레이에 집중할 수 있다.

싱글골퍼	일반 골퍼 (중급 수준)
Single Golfer	*Average Golfer*
1~9	*15~18*

내 마음의 규칙

때에 따라 타인에게 보이지 않는 각자의 볼 위치에서 플레이가 이루어질 수 있다. 보이지 않는다고 해서 양심을 속여서는 안 된다.

- **헛스윙을 고백한다** —— 스윙 의도에 따라 계산된다. 골퍼가 헛스윙을 했다면 1벌타로 계산되지만, 스윙 의도가 없었다면 벌타로 계산되지 않는다. 주변의 소음으로 인해 스윙 중에 멈추거나, 스윙은 했지만, 공을 건드리지 않았을 때는 벌타를 받지 않는다.
- **친 공을 건드리지 않는다** —— 조금 더 좋은 조건에서 공을 치기 위해 공의 위치를 바꾸거나 조작하지 않는다.
- **남의 공을 건드리지 않는다** —— 자신의 공을 식별하기 위해 공에 자신만의 표시를 해두어야 한다. 동반 플레이어와 같은 브랜드의 공으로 경기를 하다 보면 자신의 공으로 오인하고 남의 공을 건드릴 수도 있으니 주의한다.
- **볼 마크는 볼 뒤에 해야 한다** —— 2017년 4월, 렉시 톰슨^{Lexi} Thompson 선수는 메이저 대회에서 볼 마크를 한 뒤 공을 집어 올렸다가 다시 놓으면서 홀 쪽에 가깝게 놓은 것이 적발되어 우승을 놓쳤다.
- **스코어는 타수대로 적는다** —— 누구를 위한 골프인가? 정확히 기재하여 그날의 스코어를 분석하고 발전하는 골퍼가 되자.
- **티잉 구역을 잘 지킨다** —— 티잉 구역을 넘어서면 벌타를 받게 되는데, 이를 골프 은어로 '배꼽 나왔다'라고 표현한다.

일반 규칙(2019년 개정)

- 벌타 구역에서 클럽을 땅에 댈 수 있다.

- 루즈 임페디먼트Loose impedimen ——— 벌타 구역에서 자연물(낙엽, 진흙탕)을 제거할 수 있다. 예를 들어, 벌타 구역에서 웨지 샷을 하고자 할 때 웨지에 걸리는 자갈을 제거할 수 있다. 그러나 제거하는 과정에서 공을 건드리면 1벌타이니 주의하여야 한다.(벙커 샷을 할 때도 방해되는 돌을 제거할 수 있다.)

- 바람 또는 연습 스윙으로 인해 티에서 공이 떨어진 경우, 공이 여전히 티잉 구역에 머물러 있다면 다시 티에 올려 샷을 할 수 있다.

- 분실된 공을 찾는 시간은 기존 5분에서 3분으로 줄었다.

- 경기 진행시간은 1인당 45초에서 40초로 줄었다.

- 드롭은 무릎 높이에서 해야 한다.

- 벙커에 빠지면 골퍼의 선택에 따라 2벌타를 받고, 벙커 밖에서 경기를 할 수 있다.

- 그린 위에서는 깃대를 꽂아두고 퍼트를 해도 된다.

- 캐디가 골퍼의 얼라인먼트alignment를 도울 수 없다.

TIP!! ————————————————————————

골프 게임 등 모바일 앱을 통해 골프 경기 방식과 규칙을 쉽고 간편하게 익힐 수 있다.

골프
매너와
에티켓

오랜만에 잡힌 라운드를 생각하며 밤잠을 설쳤다. 이른 아침부터 골프장에 갈 채비를 마치고 남들보다 일찍 골프장에 도착했다. 티 오프시간이 다가오자 동반자들이 하나둘 모이기 시작했다. 그런데 한 명이 개인 사정으로 갑자기 빠지게 되면서 그를 대신한 대타 골퍼와 함께 라운드를 나가게 됐다. 함께 하기로 했던 친구 말에 의하면, 대타 골퍼는 장타자로 시원시원하게 라운드를 같이 즐길 수 있을 만한 사람이라고 했다. 역시나 그의 드라이버 비거리는 프로를 방불케 했다. 서로 "굿샷, 나이스 샷"을 외쳐주며 전반 라운드가 끝나갈 즈음, 그의 플레이에서 실수가 잦아졌고, 점차 신경질적으로 변하는 모습까지 보였다. 드라이버로 땅을 내려찍기도 하고 욕도 서슴지 않게 내뱉었다. 우리는 남은 9홀을 즐기지 못하고, 몹시 불편하게 마쳐야 했다.

반드시 지켜야 할 골프 에티켓 10

골프는 개인 종목으로 분류되는 운동이지만, 혼자서 게임을 할 수는 없고 반드시 동반자와 함께 라운드를 해야 경기가 성립되므로 기본적인 에티켓은 꼭 지켜야 한다.

Golf Etiquette 10

1 ─────────────────────────── 티업 시간에 늦지 않는다

라운드 1시간 전에는 골프장에 도착해 준비 운동과 퍼팅감을 익힌다.

2 ─────────────────────────── 골프용품을 잘 챙긴다

자신의 용품을 가져오지 않고, 공, 티^{tee}, 거리측정기, 심지어 클럽까지 빌려 쓰는 동반 골퍼가 있다면 기분이 어떨까?

3 ─────────────────────────── 복장 규정을 잘 지킨다

골프 복장 규정은 골프장마다 조금씩 다르니 해당 골프장의 복장 규정을 미리 확인하도록 한다.(반바지 착용이 금지된 골프장도 더러 있다.)

4 ─────────────────────────── 티샷은 한 번만 한다

티잉 그라운드에는 한 명만 올라가며, 연습 스윙은 사람이 없는 곳에서 해야 한다. 또한, 동반 플레이어가 티샷을 준비할 때는 조용히 하며, 티샷은 한 번만 하고 티를 꼭 다시 챙기도록 한다.

5 ─────────────────────────── 잃어버린 공은 본인이 찾는다

본인이 친 공이 어디로 날아가는지 잘 봐야 한다. 4명의 공의 지점을 다 기억해야 하는 캐디를 전적으로 의존하지 않는다. 원활한 플레이 진행을 위해서는 스스로 공을 찾는 노력이 있어야 한다.

6 ─────────────────────────── 스코어 계산은 스스로 한다

스코어를 스스로 계산하다 보면 자연스레 코스에 대한 자신만의 전략이 생길 것이고, 골프 규칙도 이해하기 쉬워진다. 진정한 골퍼가 되기 위한 지름길 중 하나다.

7 ─────────────────────────── 남의 플레이를 함부로 지적하지 않는다

스윙에는 정답이 없다.

8 ─────────────────────────── 코스를 보호한다

디봇, 벙커를 정리하고, 퍼팅그린에서 남의 볼 라인 위로 다니지 않는다.

9 ─────────────────────────── 동반자의 퍼팅라인을 방해하지 않는다

동반자의 퍼팅라인에 서 있거나 그림자를 드리우지 않는다.

10 ─────────────────────────── 클럽은 스스로 잘 챙기고, 골프백도 자신이 직접 든다

골프백을 직접 들 정도의 힘도 없다면 골프 치는 것을 다시 생각해봐야 한다.

CHAPTER 2

골프,
시작하기

<table>
<tr><td>01</td><td>골프의 가장 기본적인 기술
그립</td><td>*Grip*</td></tr>
</table>

골프를 시작할 때 가장 먼저 배우는 것이 그립 잡는 법이다. 무거운 채를 안정적으로 휘두르기에 익숙지 않은 초보자에게 그립을 어떻게 잡느냐는 매우 중요하다. 다음과 같은 3가지 그립 법을 통해 자신에게 알맞은 그립 법을 찾아보자.

그립 법

베이스볼 그립 *Baseball Grip*

❶―――― 어린 골퍼나 힘이 약한 여성들 그리고 손에 관절염 같은 이상이 있는 사람들에게 알맞은 그립이다. 비거리를 늘릴 수 있다는 장점이 있지만, 두 손과 그립과의 일체감이 높지 않고, 방향 컨트롤이 어렵다는 단점이 있어 지금은 잘 사용하지 않는 그립 법이다.

인터로킹 그립 *Interlocking Grip*

❷―――― 오른쪽 새끼손가락을 왼손 검지와 엇갈리게 겹쳐 두 손을 하나로 연결하는 그립으로 손이 작거나, 악력이 약한 사람, 여성에게 알맞은 그립이다. 두 손가락이 맞물린 아래에도 큰 틈이 생기지 않아 그립과의 일체감을 느낄 수 있다는 장점이 있지만, 손가락 사이의 마찰로 통증을 유발하기도 한다. 주로 여성에게 추천되는 이 그립 법은 골프 황제 타이거 우즈Tiger Woods의 그립 법으로도 유명하다. 저자 문성모 프로도 이 그립을 추천한다.

오버래핑 그립

❸——— 남성 골퍼가 가장 많이 선호하는 골프 그립 자세이다. 주로 근력이 강한 골퍼들에게서 이 그립 법을 쉽게 볼 수 있으며, 두 손과 그립과의 일체감이 높아 방향 컨트롤에 용이하다는 장점이 있다. 그러나, 손가락이 짧거나 힘이 약한 경우에는 오른손의 새끼손가락이 제대로 잡히지 않아 클럽이 흔들릴 수 있다.

그립의 강도

강한 그립

Strong Grip

❹——— 드라이버에 좋은 그립. 드라이버를 잡게 되면 공을 멀리 보내야 한다는 생각에 자연스레 강한 그립을 잡는 자신의 모습을 볼 수 있다. 조금 더 힘을 내기 위해 오른손 손등을 밑으로 보내 클럽을(드라이버) 올려 감아치는 샷을 연습하면 비거리를 늘릴 수 있다.

스퀘어 그립

Square Grip

❺——— 아이언에 좋은 그립. 스퀘어 그립은 채의 흔들림이 적어 공이 정타로 맞을 확률이 높은 그립이다. 비거리보다는 방향성이 중요한 아이언 샷을 구사하기 위해 스퀘어 그립을 사용한다. 오른손바닥과 왼손 손등이 거의 수직이 되도록 쥐면 된다.

약한 그립

Week Grip

❻——— 숏 게임에 좋은 그립. 깎아 치거나 컨트롤 샷과 같이 부드러운 샷을 위해 약한 그립을 잡기도 한다. 그러나 너무 다양한 그립법을 구사하기보다는 강한 그립, 스퀘어 그립이 자유자재로 가능하고 조금 더 안정적인 플레이가 가능할 때 다양한 그립을 구사해보길 권한다.

그립을 잡는 순서 【인터로킹 그립】

❶────── 왼손의 네 손가락으로 그립의 끝부분을 말아 쥔다.

❷────── 왼손의 엄지와 검지로 클럽을 말아 쥐면 두 손가락 사이에 V자가 생긴다.

❸────── 오른손의 새끼손가락과 왼손의 검지가 크로스가 되도록 감싼다.

❹────── 오른손의 새끼손가락을 제외한 나머지 손가락으로 그립을 말아 쥔다.

❺────── 오른손의 엄지와 검지 사이에 만들어진 V자형은 채와의 사이 공간이 없도록 한다.

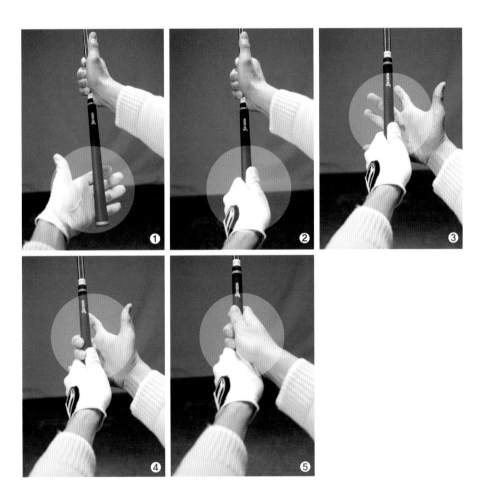

그립 시 나타나는 잘못된 자세

왼손의 엄지는 펴지 않고, 당겨 잡는다.

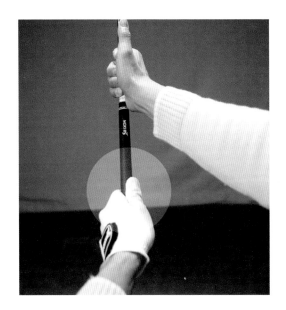

오른손의 엄지와 검지 사이의 V 부분이 그립과 일체되도록 말아 쥔다.

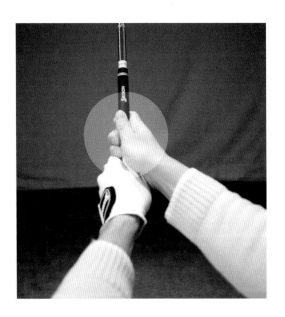

| 02 | 어드레스만큼은
프로처럼 | *Address* |

스윙의 첫 단추인 어드레스 자세를 어떻게 취하느냐에 따라 샷의 성질(quality)이 달라진다. 구부정한 허리, 힘이 들어가 뻣뻣해진 그립과 같이 잘못된 자세가 반복되면 결국 실수를 유발한다.

어드레스 기본자세

두 다리는 어깨너비만큼 벌리고, 허리는 곧게 편 상태에서 약 40~45도 정도 구부린다. 이때 허리는 과신전過伸展, hyperextension이 되지 않도록 엉덩이를 너무 뒤로 빼지 않는다. 무릎은 살짝 구부려 안정적인 자세를 유지하고, 고개는 허리선과 일직선이 되도록 한다. 공을 보려고 고개를 너무 숙이지 않으며, 클럽을 쥔 양손은 상체가 앞으로 기울여지며 자연스럽게 왼쪽 어깨가 왼손 그립에 의해 올라가고, 오른쪽 어깨는 오른손 그립에 의해 아래로 내려간 자세를 취한다. 그립을 잡은 손과 몸체와는 한 뼘 정도의 공간이 확보되어야 한다.

TIP!!
어드레스 시 양손을 목표 방향으로 내미는 동작을 흔히 핸드 퍼스트(hand first)라 하지만, 정확한 골프 용어는 포워드 프레스(forward press)이다.

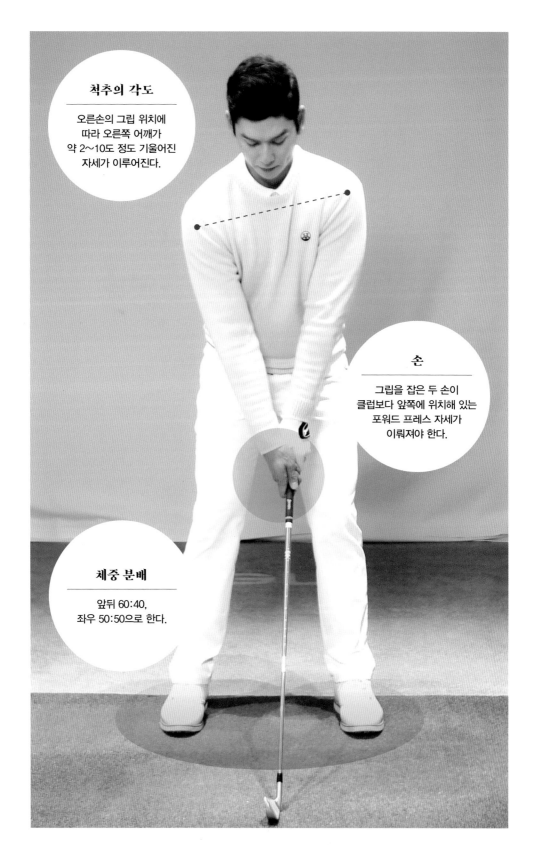

척추의 각도

오른손의 그립 위치에
따라 오른쪽 어깨가
약 2~10도 정도 기울어진
자세가 이루어진다.

손

그립을 잡은 두 손이
클럽보다 앞쪽에 위치해 있는
포워드 프레스 자세가
이뤄져야 한다.

체중 분배

앞뒤 60:40,
좌우 50:50으로 한다.

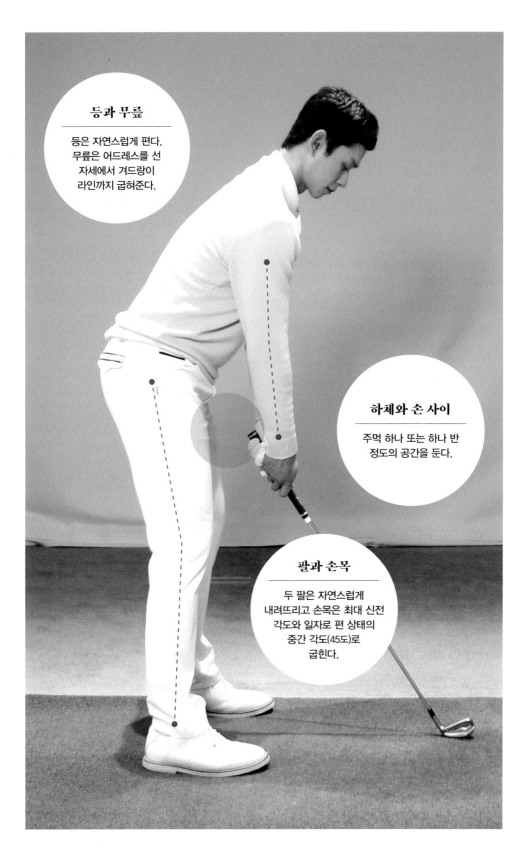

등과 무릎

등은 자연스럽게 편다.
무릎은 어드레스를 선
자세에서 겨드랑이
라인까지 굽혀준다.

하체와 손 사이

주먹 하나 또는 하나 반
정도의 공간을 둔다.

팔과 손목

두 팔은 자연스럽게
내려뜨리고 손목은 최대 신전
각도와 일자로 편 상태의
중간 각도(45도)로
굽힌다.

스탠스 stance의 종류

스탠스의 종류에 따라 타구의 방향에 영향을 미치게 된다.

오픈 스탠스   스퀘어 스탠스   클로즈 스탠스

스탠스와 공의 위치

어드레스 시 공의 위치는 다음 그림과 같다. 공은 짧은 아이언으로 갈
수록 오른쪽으로 옮겨지며 스탠스와 가까워진다. 클럽에 따라 공의 위
치를 바꾸는 골퍼가 있는가 하면, 어느 클럽을 사용하든 공의 위치를
바꾸지 않는 골퍼도 있다. 어느 쪽이 옳다고 단정할 수는 없으나, 대개
클럽에 따라 공의 위치를 바꾼다.

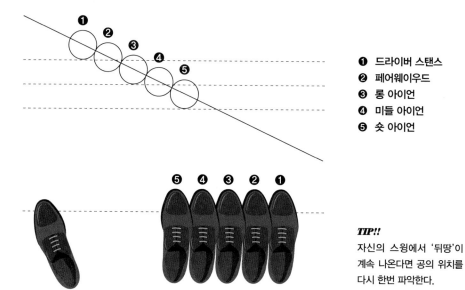

❶ 드라이버 스탠스
❷ 페어웨이우드
❸ 롱 아이언
❹ 미들 아이언
❺ 숏 아이언

TIP!!
자신의 스윙에서 '뒤땅'이
계속 나온다면 공의 위치를
다시 한번 파악한다.

클럽 종류에 따른 어드레스

클럽의 길이가 길어질수록 스탠스의 너비는 넓어지고, 양어깨의 높이가 달라진다. 클럽 길이가 늘어나면 시선은 공과 점점 멀어지고 척추의 각이 오른쪽으로 조금씩 기울어진다. 따라서, 샌드나 피칭과 같은 숏 아이언은 얼굴의 중심과 공의 위치가 일직선을 이루게 되며, 미들 아이언은(6번~9번) 왼쪽 귀에, 롱아이언은(3~5번) 왼쪽 귀와 왼쪽 어깨 사이에 공이 위치하게 된다.

짧은 아이언　　　　　아이언　　　　　드라이버

클럽헤드의 페이스와 라이 각 lie angle

공을 똑바로 보내기 위해서는 클럽의 헤드를 지면과 평행하도록 두며, 목표하는 지점과는 정면으로 바르게 둔다.

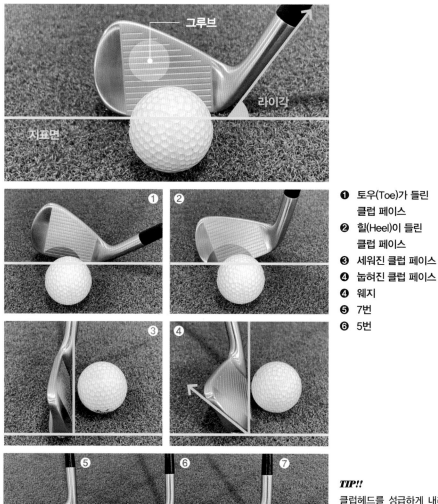

❶ 토우(Toe)가 들린 클럽 페이스
❷ 힐(Heel)이 들린 클럽 페이스
❸ 세워진 클럽 페이스
❹ 눕혀진 클럽 페이스
❹ 웨지
❺ 7번
❻ 5번

TIP!!
클럽헤드를 성급하게 내려놓는 아마추어 골퍼들이 많다. 클럽헤드의 방향이 정확한 목표지점을 가리키는지 확인하며, 신중하게 클럽헤드를 내려놓는 습관을 들이도록 하자.

왜글·waggle

정확한 어드레스가 이루어졌다면 스윙 전 왜글을 해본다. 왜글이란, 스윙 전 팔의 긴장을 없애고 손목을 자유롭게 움직일 수 있도록 클럽을 몇 차례 좌우로 흔들어 주는 동작을 말한다. 스윙의 축소판인 왜글은 단지 본 스윙의 모양만 따라 하는 것이 아닌 리듬 또한 맞춰보며 연습해 본다. 손목을 꺾어 2~3회 까딱까딱 움직여 왜글을 하거나, 손목을 꺾지 않고 어깨와 양팔의 삼각형을 그대로 유지한 채 함께 뒤로 움직여서 왜글을 해본다.

TIP!!
손목을 꺾지 않고 어깨와
양팔을 함께 뒤로 움직여서
왜글을 한다.

어드레스 시 나타나는 잘못된 자세

❶────────── **상체가 일어나 무게 중심이 뒤쪽에 있는 경우** : 스윙궤
도가 플랫^{flat}해져 훅 구질을 만든다.

❷────────── **손목의 각이 풀려있는 상태** : 손목에 힘이 풀려 있어
견고한 백스윙을 만들지 못한다. 손목 각을 유지한 상
태에서 테이크어웨이^{takeaway}를 시작한다. (locking을 걸어
둔 상태에서 백스윙을 하는 느낌)

❸────────── **허리가 과신전 또는 굴곡된^{flexion} 상태** : 허리에 무리가
가는 동작으로 올바른 회전이 이루어지지 못한다.

TIP!!
어드레스 시 클럽을 잡을
두 팔을 앞으로 나란히 한
상태에서 어깨 선상으로 잡
아 내리게 되면, 가슴을 조
이지 않아 팔의 움직임이
자유로워질 수 있다. 그런
다음, 숨을 한번 내쉬면 어
깨에 힘이 빠지면서 자연스
러운 어드레스를 취할 수
있다.

테이크어웨이를 간과하지 마라

Takeaway

골프를 갓 시작한 초보자는 공을 치는 데만 집중하여, 이 테이크어웨이 구간을 지겨운 장애물로 인식하고 간과하는 경우가 많다. 그러나, 골프는 고도의 집중력과 정교함이 필요한 운동으로 테이크어웨이가 망가지면, 전체적인 스윙궤도가 바뀌게 되고, 임팩트에 영향을 주어 결국 올바른 샷을 구사하지 못하게 된다. 프로골퍼 임성재 선수도 가장 집중해서 연습해야 할 구간으로 테이크어웨이를 꼽았다.

테이크어웨이의 기본자세

테이크어웨이는 클럽이 움직이기 시작하여 오른쪽 허벅지 앞에 위치할 때까지의 동작을 말한다. 이때 어깨와 양팔이 이루는 역삼각형은 테이크어웨이가 끝나는 구간까지 유지해야 하며, 시선 또한 움직이지 않도록 하는 것이 테이크어웨이의 핵심이다.

- 손으로만 시작하는 테이크어웨이는 하지 않는다(몸통 회전과 같이).
- 클럽을 천천히, 지면을 따라 낮게 테이크어웨이를 시작한다.
- 어드레스 시에 만들어진 몸통과 두 팔의 삼각형은 그대로 가져간다.
- 시선은 클럽을 따라가지 않고 공을 주시한다.
- 엉덩이 선까지 손목의 굽힘이나 손목 회전을 하지 않는다.
- 클럽헤드가 엉덩이 선상에서 넘어가면서 자연스레 손목이 꺾여야 한다.

시선

시선은 공을 주시한다.
초점을 오른쪽 어깨에 두면
오른쪽 어깨가 먼저 돌아가면서
왼쪽 어깨가 턱 아래로 오는
자연스러운 상체 회전이
이루어진다.

테이크어웨이

배꼽 아래까지만 한다.

공이 있던 자리

팔

일찍 굽혀지지
않도록 주의한다.

클럽 페이스

클럽 페이스의 각도는
허리와 평행 되도록
만든다.

테이크어웨이 시 나타나는 잘못된 자세

❶——————**클럽 헤드의 헤드가 닫히거나 열린 경우** : 슬라이스나 훅의 원인이 될 수 있다.

❷——————**팔꿈치가 안으로 접히지 않고, 밖으로 빠진 경우** : 바깥으로 팔꿈치가 빠진 채로 백스윙이 이루어져 다운스윙 시 그대로 엎어 치는 아웃-인 궤도의 스윙이 만들어진다.

❸——————**엉덩이가 왼쪽으로 빠지는 경우** : 몸의 중심이 흔들려 올바른 스윙궤도를 만들지 못한다.

백스윙,
골퍼의 욕심이 보인다

Backswing

백스윙은 클럽 페이스가 열리기 시작하여, 상체의 꼬임이 하체가 무너지지 않을 정도까지의 회전 동작을 말한다. 백스윙에서 나오는 가장 많은 실수가 오버헤드 스윙으로 클럽 페이스가 나의 왼쪽 시야에서 보일 정도로 백스윙을 하는 경우이다. 힘 있게 치고자 하는 욕심이 과하다는 증거일 수 있다. 골프는 비거리가 우선이 아니라, 정확하게 쳐야 한다는 걸 명심하자!

백스윙의 기본자세

백스윙은 몸통 회전으로 왼쪽 어깨가 턱 아래로 돌려지며 클럽이 그대로 따라 올라가는 동작을 말한다. 이때, 골퍼는 파워를 내기 위해 클럽을 빠르게 들어 올리지만, 힘이 부족한 초보자의 경우 결국 속도에 비례한 파워를 내지 못해 손목이 일찍 굽혀지거나 뒤로 뉘우쳐진 채 회전을 하게 된다. 클럽을 일정한 속도로 들어 올리며, 손목을 견고하게 하여 클럽헤드가 뒤로 젖혀지지 않도록 하여, 정확한 시점의 코킹과 어깨 회전이 이루어지도록 한다.

X-FACTOR
스윙 전반에 걸쳐 골반과 어깨 회전과의 관계를 설명하는 데 사용되는 용어이다 (Sweeney et al., 2011). 최근 연구에 따르면, 상·하체의 분리와 클럽헤드의 속도 간에 상관관계가 있음을 발견하였다. 하체의 회전을 제한함으로써 하체의 저항에 대응한 상체의 꼬임이 풀리는 그 탄력성으로 스윙 파워가 증가하는 것으로 보고 있다.

- 백스윙 시 상체가 들리지 않을 정도로만 회전하며 오른쪽 어깨가 리드하여 몸통 회전을 유도한다.
- 중심축이 흔들리지 않도록 내측광근vastus medialis에 힘을 주어 한쪽으로 치우치거나, 스웨이sway가 나타나는 것을 방지한다.
- 몸통 회전 시, 오른 다리가 완전히 펴지지 않도록 하며 왼쪽 어깨가 오른쪽 무릎 위치와 가까워질 될 때까지 회전한다.
- 상·하체의 꼬임x-factor을 느끼며 회전한다.

팔

왼팔을 쭉 뻗는다.

무릎

내측광근에 힘을 주어 무너지지 않도록 하며, 오른 무릎이 바깥으로 빠지지 않도록 한다.

손과 팔꿈치

손은 클럽 헤드의 방향과
일치되도록 움직이고
오른쪽 팔꿈치는 지면과
수평이 되도록 한다.

무릎

오른쪽 무릎은
완전히 펴지지 않도록
주의 한다.

코킹의
시작 지점

약 80°~85°

코킹은 엄지를 꺾으려고 하는 것보다
클럽의 끝을 눌러주는 느낌으로 한다.

골프에서 코킹은 비거리와 정확성과 아주 밀접한 관련이 있다. 정확한 시점에서 이루어지는 코킹은 스윙궤도를 최대한으로 가져갈 수 있어 클럽의 가속도를 높일 수 있으며, 샷의 정확도를 높인다. 코킹의 시점이 너무 빠르면 오버헤드 스윙이 되고, 반대로 늦어지면 클럽이 출렁거려 정확한 임팩트를 할 수 없다. 테이크어웨이가 끝나는 시점부터 자연스레 코킹이 이루어지도록 한다. 테이크어웨이를 지나면서 코킹이 시작되며, 엄지손가락 방향으로 코킹이 이루어진다.

TIP!!
오른손으로 클럽을 지탱하여 코킹이 이루어진 채로 무릎 앞까지 내려오는 연습을 해보자.

백스윙 시 나타나는 잘못된 자세

❶ ──────── **상체가 중심선 오른쪽으로 넘어간 상태 :** 몸의 중심축이 무너지며, 스윙궤도의
높낮이가 달라져 일관성이 줄어든다.

❷ ──────── **오버스윙 :** 몸의 중심축이 무너지며, 끌고 올 힘이 충분해야만 정타에 맞출 확률
이 높아진다.

❸ ──────── **백스윙 시 템포 :** 백스윙 시 과도하게 힘을 쓰려다 보니 템포가 다운스윙보다
빠를 때가 있다. 반대로 백스윙을 너무 느리게 하면 다운스윙 시 과도하게 몸에
힘이 들어가는 동작을 만든다. 느린 백스윙이 아닌 '가벼운' 백스윙을 해보자.

일관적인 다운스윙이 필요하다

Downswing

골프의 백스윙과 피니시는 다양한 모습을 보인다. 예를 들어, 낚시꾼 스윙으로 유명한 최호성 프로 골퍼의 피니시 동작은 매우 독특하다. 그는 피니시에서 클럽을 낚아채듯 들어 올리는 동작이, 마치 낚시꾼이 낚싯대를 들어 올리는 모습과 흡사하다고 해 '낚시꾼 스윙'이란 별명을 얻었다. 그러나, 이처럼 다양한 스타일의 백스윙과 피니시를 선보이는 선수들도 다운스윙의 모습은 거의 동일하다. 다운스윙 구간만큼은 일관되고, 과학적 원리에 근거한 최적의 움직임을 나타내야 한다.

다운스윙의 기본자세

- 체중 이동을 시작으로 다운스윙이 시작된다.
- 클럽을 끌어내릴 때 하체가 리드lead되어 자연스러운 다운스윙이 이루어지도록 한다.
- 클럽을 인위적(손, 손목 사용)으로 강하게 끌어내리게 되면 일관성이 무너진다.
- 오른발의 힐hill을 들고, 토toe에는 힘을 주어 목표한 방향으로 밀어 준다.
- 손목은 굽힌 그대로 무릎 앞까지 끌고 내려온다.

상체

몸통과 겨드랑이는
가깝게 붙여
내려오도록 한다.

손

코킹이 풀리지 않은 채
무릎 앞까지 내려온다.

발

왼발은 벽을 만들어
축을 잡는다.

등과 허리

척추각이 그대로
유지된 채로
다운스윙한다.

상체

가슴과 배가 왼쪽 아래를
향하는 느낌으로 하여
클럽을 끌고 내려온다.

구간별 움직임 순서 【백스윙과 다운스윙 구간】

Backswing	Downswing
클럽헤드	하체
손	어깨 회전(코킹)
팔	팔
어깨 회전(코킹)	손
하체	클럽헤드

다운스윙을 리드하는 방법

백스윙 시 몸통을 비틀었다가 다시 되돌리는 과정에서 회전력이 발생하고, 그 회전력에 의해 공을 멀리 보낼 수 있다. 이때, 골퍼는 다양한 방법으로 다운스윙을 리드하여 최대의 회전력을 끌어낸다. 골퍼의 특성에 따라 이러한 방법의 효과는 다르게 나타나나, 하체로 리드하여 손과 팔 그리고 어깨가 충분히 회전할 수 있는 공간을 만들어 주면 올바른 다운스윙이 가능하다.

다운스윙 시 나타나는 잘못된 자세

❶────── **다운스윙 시 체중 이동 :** 허리의 회전이 일어나지 않고, 왼쪽으로 빠지는 스웨이
가 발생하여 슬라이스가 나기 쉽다. ▶ 왼쪽에 벽이 있다고 생각하고 회전을 해
보자.

❷────── **다운스윙 시 코킹 각이 풀림 :** 뒤땅이 발생하거나, 정타가 맞더라도 비거리 손실
이 있다. ▶ 코킹이 풀리지 않은 상태로 채를 자신의 무릎까지 내려오는 연습을
반복한다. 이때 채끝이 공이 있는 방향으로 끌어당긴다는 느낌으로 연습해본다.

❸────── **오른발에 체중이 실린 경우 :** 오른발에 체중이 남아있는 상태로 팔이 내려오면
허리가 오른쪽으로 빠져 앞으로 나아가지 못해 볼에 힘이 전달되지 않는다. ▶
얼라이먼트 스틱을 두 발 사이 세로로 둔다. 스틱을 중심으로 회전하는 연습을
해본다. 어느 한쪽으로도 엉덩이가 빠지지 않도록 한다.

"골프의 짜릿한 손맛을 보았다." 이 짜릿한 손맛은 임팩트 구간에서 이루어진다. 클럽과 볼이 충돌하는 순간 전달되는 촉감을 '손맛'이라고 표현하며, 이 손맛 때문에 우리는 골프를 놓을 수 없다고 한다.

클럽과 공이 만나는 순간을 임팩트^{impact}라고 한다. 백스윙 시 만들어진 상·하체의 꼬임이 풀리면서 이어 어깨가 돌아가고, 왼쪽 팔이 신전되며 임팩트가 이루어진다. 이때, 클럽 페이스가 살짝 닫힌 상태로 맞게 되면 정확한 임팩트가 가능하다.

임팩트 시의 바른 자세

- 상체의 굽힘 각을 동일하게 유지해야 한다(임팩트 순간까지 척추 각 유지). 척추 각을 미리 풀게^{early extension} 되면 상체가 들리고 이에 따라 클럽 페이스도 열려 맞게 돼 슬라이스가 날 수 있다.
- 헤드업^{head up}을 하지 않는다.
- 클럽 페이스의 각도는 임팩트 시 90도(살짝 닫힌)로 만들어 주며 공의 1/2의 아래를 쳐준다.
- 임팩트를 위한 임팩트를 하지 않고 지나가는 스윙을 한다.

어깨

볼을 강하게 내리치려고 하면
왼쪽 어깨가 빨리 열려 공을
엎어 치거나 훅 구질을 만들게
될 수 있으니 주의한다.

팔

왼팔을 편 상태로
양팔의 로테이션이
이루어지도록 한다.

발

발뒤꿈치가 살짝 들리며
엄지발가락과 발의 안쪽으로
힘이 들어가도록 한다.

머리

머리의 위치는
공 뒤에 있어야 하며,
시선은 공이 있던 자리를
보고 있어야 한다.

허리

다운스윙 시 허리 회전이
먼저 일어나기 때문에 임팩트
순간에는 30~45도 허리가
열린 상태에서 임팩트가
이루어진다.

시선

임팩트 시에는
왼손등이 목표를 바라보고
있어야 한다.

공이 있던 자리

얼리 익스텐션

얼리 익스텐션early extension : 다운스윙 중 고관절이 과도하게 신전되는
것을 뜻하며, 일명 '배치기'라고 한다.

- 얼리 익스텐션early extension이 되지 않도록 허리 각도를 유지한 채 회
  전한다.
- 적절한 타이밍에 맞춰 굽혀져야 하며 내회전이 어루어진다.
- 코킹이 풀리지 않은 상태로 무릎까지 내려온다.
- 임팩트 직후에도 시선은 공을 향해 있어야 한다.

임팩트 시 나타나는 잘못된 자세

❶ ─── **왼손 손등을 목표 방향으로 그대로 끌고 나가는 경우** : 클럽 페이스를 닫지 못해 슬라이스가 난다.

❷ ─── **코킹이 미리 풀린 경우** : 코킹이 미리 풀려 임팩트가 이뤄지면 최대 가속의 힘 전달이 임팩트 이전에 이뤄져 비거리 손실이 있다.

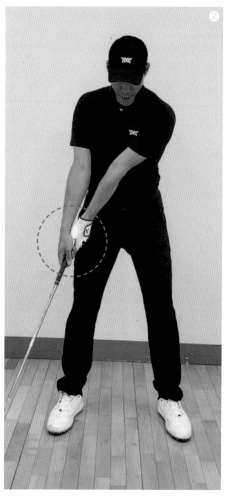

❸ ───── **오른 손등이 과도하게 닫힌 경우** : 오른손 손등을 과도하게 돌려버리면 클럽 페이스
가 닫혀 훅이 날 수 있다.

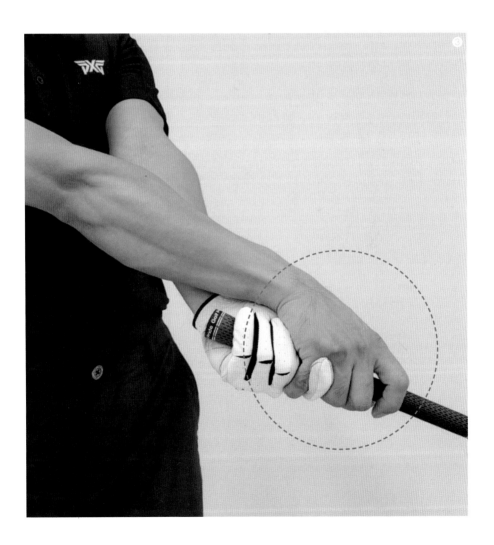

힘을 빼야 하는 타이밍 릴리스

Release

골프의 릴리스는 백스윙, 상·하체의 꼬임 및 회전 중에 축적된 모든 힘이 임팩트 구간을 통과한 직후부터 '방출'되는 구간을 말한다. 즉, 릴리스는 힘을 축적하는 구간(백스윙구간)이 아닌 힘을 빼는 구간이라 생각하면 된다. 적절한 시점의 손목 로테이션과 몸통 회전이 일어나면 올바른 릴리스가 이뤄질 수 있다.

릴리스의 바른 자세

클럽 페이스가 백스윙에서 열리고 다운스윙에서 닫히며 임팩트가 되는데 이때 클럽 페이스를 닫아주는 역할을 릴리스가 한다. 릴리스가 몸에 익숙해지면 간결하고 가벼운 스윙이 가능하다.

TIP!!
백스윙을 한 다음 오른손으로 클럽을 잡아 1~2초간 들어준 뒤 손을 놓으며, 손목의 로테이션 연습과 함께 힘을 빼는 연습을 한다. 채를 앞으로 던진다는 느낌으로 연습해보자!

- 그립의 압력을 낮추고 팔이 펴지는 느낌을 유지하도록 한다.
- 팔과 클럽은 하체 리드에 의해 수동적으로 따라오도록 한다.
- 팔과 클럽 간의 각도가 일찍 열려 스쿠핑scooping 동작이 발생하지 않도록 주의하며, 약간 포워드 프레스로 임팩트 되면서 릴리스 되는 방식을 권한다.
- 몸과 팔의 간격을 유지하며 스윙한다.
- 왼팔과 손의 회전을 이용한 릴리스를 하도록 한다.

팔

오른손 등이 정면을
바라보아야 한다.

| 08 | 백스윙의 거울 폴로스루 | *Follow-through* |

양궁에서 보면 활을 쏜 이후에도 손을 잠시 그 상태로 두는 것처럼, 골프 또한 임팩트 후 스윙의 연속 동작으로 클럽을 끝까지 가져가는 이 상태를 폴로스루(follow throw)라고 한다. 골프와 같은 이러한 연속 동작은 특히 폴로스루를 어떻게 하느냐에 따라 공의 탄력과 구질이 완전히 달라질 수 있다. 임팩트 후에도 팔을 길고 유연하게 가져가도록 한다.

폴로스루의 바른 자세

- 팔로 지나치게 스윙을 리드하지 않는다(왼쪽 팔을 당겨 구부린 채로 끌로 오는 치킨윙 동작을 만들게 되고, 아웃-인 궤도의 스윙을 하게 된다).
- 처음 테이크 백의 스윙 크기만큼 임팩트 후에도 허리 높이까지 일찍 선으로 끝까지 가져간다.
- 왼쪽 다리가 단단하게 버텨주며, 왼쪽 무릎이 목표 방향으로 많이 돌아가지 않도록 한다.
- 왼팔의 팔꿈치는 외회전external rotation이 되어야 하며, 겨드랑이와 상완근이 가까이 붙어 회전이 이루어진다.

팔

왼손 팔꿈치를
당기지 않는다.
폴로스루도 백스윙과 같이
길고 유연하게
가져간다.

허리

허리는 좌우로 빠지지 않고
그대로 회전한다.

| 09 | 피니시는
우아하게 | *Finish* |

비록 공은 눈앞에 떨어졌지만, 시선은 멀리, 피니시는 우아하고 깔끔하게 끝까지 가져간다. 어느 누구도 내가 실수했다는 것을 모를 정도로 멋진 피니시를 만들어 보자! 왜 굳이 그래야만 하는가? 연쇄 동작인 골프에서 피니시를 끝까지 가져가 는 습관을 들이면 다른 구간의 스윙 자세에도 영향을 미쳐 올바른 스윙궤도와 일 정한 스윙 습관을 지닐 수 있다.

피니시의 바른 자세

- 임팩트가 이루어지기도 전에 먼저 고개를 들어 정면을 바라보지 않는다(임팩트 직후 날아간 공을 바라본다.).
- 허리를 굽힌 상태에서 피니시를 하지 않는다.
- 왼발의 발가락 끝[toe]은 살짝 들어주고, 오른발은 발가락 끝[toe]으로 지지한다.
- 체중은 왼발 뒤꿈치에 두고, 두 손은 왼쪽 귀 옆으로 자연스럽게 보내준다.
- 왼쪽 팔꿈치는 땅과 수평면이 아닌(치킨 윙), 몸쪽으로 당겨져 있어 야 한다.
- 몸 전체는 왼발에 힘이 실려 일자로 서 있는 모습이 이상적이다.

그림과 같이 구질별로 피니시가 다르다. 피니시를 통해 자신의 구질 을 확인할 수 있으며, 반대로 피니시 교정만으로도 구질이 교정되는 효과도 있다. 높은 피니시의(하이 피니시) 형태는 드로우 샷의 피니시이 며, 낮은 피니시(로우 피니시)는 페이드 샷이다.

피니시

개인의 유연성에 따라
피니시는 다를 수 있다.
유연한 사람은 C자형을 만들고,
유연성이 좋지 않은 보통 사람은
I자형(수직)으로 선다.

C자형

I자형

CHAPTER 3

골프,
욕심내기

| 01 | 티샷 | *Tee Shot* |

마치 대회에 출전한 선수처럼 비장하고 비범하게 티잉 그라운드에 입장하며, 마음가짐은 누구보다 열정 많은 골퍼로 성장하자. 티샷을 잘해야 남은 홀도 잘할 수 있다. 미스샷이 나오게 되면 심리적 압박감을 받아 남은 경기에서 좋은 성적을 낼 수 없다.

6699

골프
플레이는
그립,
에이밍,
어드레스가
90%다.
나머지
10%는
스윙이다.

잭니클라우스
Jack Nicklaus

티샷 위치 선정하기

초보자들은 공을 똑바로 보내기 위한 집념 하나로 티박스 정 중앙 앞쪽에 자리를 잡는다. 그러나 모든 홀의 형태는 다르고 자신의 구질(슬라이스 구질, 혹 구질) 또한 개별 특성이 있다. 골퍼가 티샷으로 보낼 수 있는 거리의 페어웨이 양쪽이 해저드거나 평소와 다른 구질이 반복적으로 나타난다면 이 모든 것을 고려한 티샷의 위치를 선정해야 한다. 위치가 선정되면, 옆이 아닌 앞을 바라본 상태에서 에이밍aiming을 하고 클럽 페이스를 놓아, 페이스 방향에 따른 알맞은 어드레스를 잡는다.

티 높이 설정하기

골프 티샷의 평균 티 높이는 클럽을 바닥에 내려놓았을 때 클럽에서 공이 반 개 정도 올라온 정도이다. 티 높이에 따라 비거리와 정확도에 영향을 주는데, 높이가 높으면 훅 샷과 들어 올리는(뿅샷) 샷을 유발하고, 낮으면 슬라이스와 찍어 치는(뒤땅) 샷을 유발한다. 자신의 구질에 따라 티 높이를 조정해보는 것도 좋지만, 티 높이를 조정했음에도 불구하고 반복적인 구질이 나타난다면 다른 문제가 있을 수 있다. 3가지 티 높이(예: 45mm, 50mm, 55mm)로 다양하게 연습하여 자신에게 가장 잘 맞는 높이를 찾아 샷마다 티 높이를 일정하게 유지하는 것이 좋겠다.

바람의 저항

바람을 이용하는 골퍼가 되자. TV에서 프로들이 잔디를 살짝 뽑아 날리는 것을 종종 보았을 것이다. 이것은 바람의 방향을 가늠하기 위한 하나의 방법으로 쓰인다. 바람이 왼쪽에서 오른쪽으로 불어온다면 골퍼는 충분히 왼쪽으로 공략하여 자연스럽게 공이 홀에 가까운 방향으로 돌아오도록 한다. 앞바람이 불 때는 티 높이를 낮추거나, 공의 위치를 살짝 오른발 위치에 둔다. 그래야 탄도를 낮게 가져갈 수 있고, 바람의 영향을 최소한으로 받아 비거리를 최대화할 수 있다. 반대로 뒷바람이 불 때는 티 높이를 살짝 높여 탄도를 높게 가져가도록 한다. 그래야 공이 바람의 영향을 받아 체공 시간이 길어지고 그만큼 긴 비거리를 낼 수 있다.

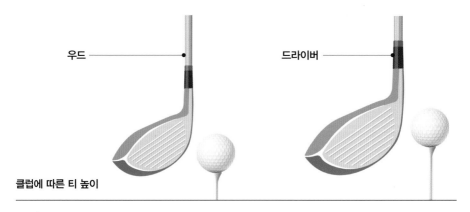

우드 ————

드라이버 ————

클럽에 따른 티 높이

목표 방향 설정

스크린 골프에서 클릭만으로 쉽게 조정 가능했던 방향 설정(에이밍)이 드넓은 필드로 나가면 너무나 어렵다. 사실 초보 때는 내가 공을 잘못 친 건지, 방향 설정을 잘못한 건지 잘 모르는 경우가 더 많다. 방향 설정을 할 때는 목표를 일직 선상으로 가리켜 목표지점을 가늠하고, 멀리 있는 목표 라인 선상에서 자신에게 '가까운 목표지점' 하나를 선택하여 공으로 돌아온다. 이때, 이 가까운 목표지점은 작은 나뭇가지가 되어도 좋고, 디봇divot 자국, 특정한 풀의 모양 등, 자신만의 하나의 특정 지점이 된다. 공으로 돌아올 때는 멀리 있는 목표지점을 보며 돌아오는 것이 아니라, 방금 '인지해 두었던 특정 지점'을 보며 돌아오면 좀 더 정확한 방향 설정이 가능하다. 자 그럼, 에이밍이 되었다면 몸의 방향을 목표선과 수평으로 바라보도록 어드레스 자세를 취하고 샷할 준비를 한다.

TIP!!
어드레스를 취한 후 연습 스윙을 하는 골퍼들이 많은데 이는 또다시 방향이 틀어질 수 있으므로 방향 설정 전에 미리 빈 스윙을 마치는 게 좋다.

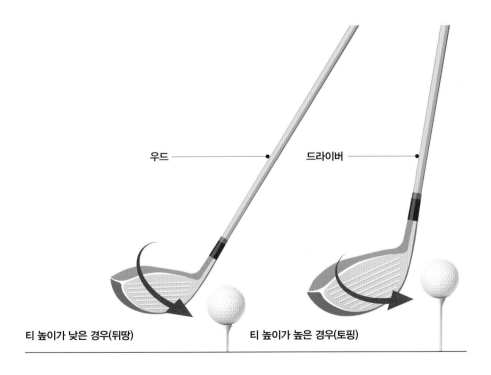

우드 — 드라이버 —

티 높이가 낮은 경우(뒤땅) 티 높이가 높은 경우(토핑)

드라이버는 아이언과 비교해 샤프트의 길이가 길어 다루기 어렵다. 그래서 똑바로 보내기가 더 어렵고 실수도 잦다. 초보 골퍼들이 드라이버 샷에서 가장 많이 고민하는 슬라이스와 훅 그리고 비거리에 대해 알아보도록 하자.

슬라이스

그립

스트롱 그립처럼 좀 더 왼손을 안쪽으로 돌려 잡고, 오른손은 밖으로 돌려 잡는다. 슬라이스가 난다면 그립을 먼저 체크해 본다. 우측으로 공이 날아간다는 것은 클럽 페이스가 열려 맞는다는 것이다. 그렇다면, 클럽 페이스를 닫아주는 것이 현실적인 문제를 해결해주는 것인데, 이를 위해서는 스트롱 그립을 잡아주어야 한다.

문성모 프로의 드라이버 스윙 영상입니다. 영상을 보며 함께 이미지 트레이닝을 해봅시다. ▶▶

테이크어웨이

테이크어웨이를 점검한다. 클럽 페이스가 열린 채로 테이크어웨이를 하지 않았는지 확인한다. 테이크어웨이에서 이미 클럽헤드가 열려 있는 경우, 임팩트 시에도 그대로 열려 맞는다. 아이언은 그 궤도가 적고, 그루브가 방향을 컨트롤 해주기 때문에 큰 슬라이스가 나지 않지만, 드라이버의 헤드는 크고 비거리가 길어 슬라이스를 만들어내기가 쉽다.

로테이션

손목 로테이션이 잘 이루어지는지 점검하사. 슬라이스의 주된 스윙의 문제점은 아웃-인 궤도이다. 아웃-인 궤도로 들어오면 왼쪽 팔이 바깥으로 빠지는 치킨 윙 동작을 하게 된다. 양 손목이 서로 교차되는 로테이션 동작이 이루어지도록 연습한다.

훅

훅은 슬라이스와 반대의 의미로 다가가면 이해가 쉽다. 훅 또한 그립, 스윙궤도, 로테이션을 체크해 보아야 한다.

- 과도하게 스트롱 그립을 잡으면 훅이 발생한다.
- 인-아웃 궤도가 심한 경우 훅이 발생한다.
- 임팩트 이전 손목의 로테이션이 일어나는 경우 훅이 발생한다.

비거리

장타를 치고 싶은 욕심은 누구라도 있다. 그러나 과도한 욕심은 그립을 세게 잡게 되고, 몸에 힘이 들어가 일부 관절을 고정하여 미스 샷을 유발한다. 자연스럽게 몸에 힘을 빼고 몸 전체의 파워 보다는 최대한의 회전을 이용하여 샷을 한다. 신체의 모든 관절이 손목이 움직이는 방향에 따라 최대한으로 움직일 수 있으면 최대의 회전력이 공에 전달된 것이다.

- 양손에 클럽헤드의 원심력이 잘 전달될 수 있도록 그립을 너무 세게 잡지 않는다.
- 와이드 테이크어웨이로 클럽 헤드의 각속도를 높인다.
- 체중 이동 시 스윙 리듬에 맞춰, 지면 반발력을 크게 가져간다.
- 백스윙 시 하체를 단단히 고정하고 몸통과 어깨 회전을 한다.
- X-factor를 최대로 하여 허리 회전을 먼저 가져가고 다운스윙 시 있는 힘껏 스윙해보자.

골프드릴

골프 스윙 교정을 위한 관련된 동작 연습을 '골프 드릴' 이라고 한다. 사진은 비거리 향상과 정확도를 높이기 위한 드라이버 드릴 중 하나의 연속 동작이며, 지면 반력을 활용한 문성모 골퍼의 추천 골프 드릴이다.

- 스탠스를 넓게 하고, 드라이버가 백스윙의 탑에 다다를 때 왼발을 살짝 들어 오른발에 압력이 가해지는 것을 느낀다.
- 왼발을 땅에 힘차게 닿으며, 골반 회전과 함께 있는 힘껏 스윙해본다. 이때, 그립의 악력을 살짝 풀어 관성에 의한 자연스러운 회전으로 채가 따라오도록 해본다.
- 위와 같은 동작을 느린 동작으로도 연습해 보며, 스윙 리듬을 익힌다.

최상의 골프 플레이를 하기 위해서는 아이언에 숨어있는 과학적 원리에 대해 이해하고 있어야 한다. 몇 가지 정보를 활용하는 것만으로도 다양한 샷을 구사할 수 있으니 중요하게 살펴본다.

구질에 영향을 미치는 클럽패스와 페이스 앵글

클럽 패스club path

임팩트 시 클럽헤드가 움직이는 방향을 말하며 목표물 라인을 기준으로 측정된다.

페이드(아웃-인 궤도)   스트레이트(인-인 궤도)   드로우(인-아웃 궤도)

페이스 앵글face angle

페이스 앵글은 임팩트 시 클럽 페이스의 방향을 말한다.

클로즈드(closed)   스퀘어(square)   오픈(open)

문성모 프로의 아이언 스윙 영상입니다. 영상을 보며 함께 이미지 트레이닝을 해봅시다. ▶▶

클럽패스와 페이스 앵글을 활용한 구질 알기

클럽 패스가 정방향이고, 페이스 앵글이 열려(+) 맞았다면, 둘 간의 차이로 회전축은 오른쪽으로 기울게 돼 공은 목표 방향으로 직진하다가 오른쪽으로 휘는 슬라이스 구질을 만든다.

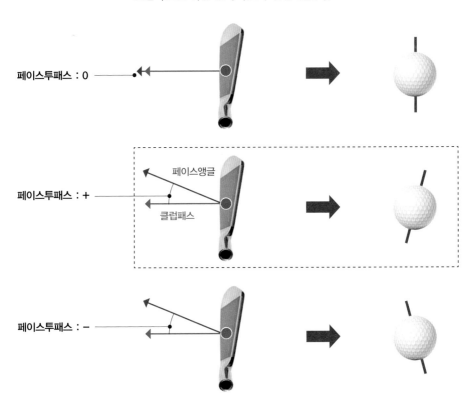

구질을 내 마음대로, 샷 메이킹

드로우 샷

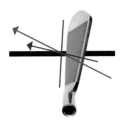

드로우 샷은 기본적으로 공이 우측으로 날아가다 좌측으로 떨어지는 샷이다. 비거리가 상대적으로 짧은 여성 골퍼나 시니어 골퍼들이 사용하는 구질이기도 하고, 오른쪽의 장애물을 피하기 위한 샷으로 사용되기도 한다. 스탠스를 닫고 오른발을 살짝 뒤로 빼면 클럽 페이스가 약간 닫히게 되면서, 낮은 탄도의 드로우 구질을 만들 수 있다. 정상적인 드로우 샷이 이루어지면 공은 1시 방향으로 향하다가 목표한 지점으로 향하는 양상을 띤다.

페이드 샷

페이드 샷은 드로우 샷과 반대되는 샷이다. 기본적으로 공이 약간 좌측으로 날아가다가 우측으로 떨어지는 샷이다. 이러한 샷은 스코어를 줄이기 위한 중상급자 골퍼들이 이용하는 샷으로 드로우 샷과 반대로 스탠스를 열고 왼발을 살짝 뒤로 뺀다. 페이드 샷은 클럽 페이스가 열린 상태에서 정확한 임팩트가 이뤄지면 페이드 구질이 발생한다.

경사 플레이

언제나 공이 페어웨이의 평지에만 떨어질 순 없다. 오르막과 내리막에 맞는 기술적 플레이를 할 수 있어야 스코어를 줄일 수 있다. 간단한 경사 플레이 공식에 대해 알아보자!

오르막 경사 플레이

오른손잡이 골퍼를 기준으로 오르막에서는 왼발이 오른발보다 높은 위치에 놓이게 된다. 이럴 때는 골퍼가 평소 비거리에 맞는 아이언을 선택했을 때 느끼는 클럽의 길이가 달라져 불편함을 느낄 것이다. 기울어진 경사만큼 몸을 지면과 최대한 평행하게 만들어 오르막이든 내리막이든 평지와 같이 안정적인 느낌으로 스윙을 할 수 있도록 한다.

❶——————경사에 따라 한 클럽 또는 두 클럽을 넉넉히 잡는다.

(예 / 7번 -〉6번 아이언)

❷——————목표한 방향보다 약간 오른쪽을 바라본다.

❸——————스탠스는 평소보다 넓게 잡고, 공은 경사가 높을수록 오른쪽에 둔다.

❹——————체중은 자연스럽게 오른쪽에 두어 몸이 땅과 평행한 느낌이 들도록 선다.

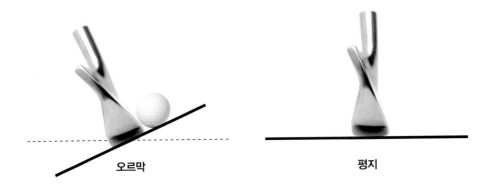

오르막   평지

내리막 경사 플레이

오른손잡이 골퍼를 기준으로 내리막에서는 오른발이 왼발보다 높은 위치에 놓이게 돼, 클럽이 오른발 가까이 떨어지게 된다. 이로 인해 공보다 뒤를(뒤땅) 타격하게 되므로 공을 디보트divot 자리 즉, 공의 본 위치보다 볼 1~2개 크기 정도 오른쪽으로 놓아야 한다. 테이크 백은 좀 더 가파르게 가져가도록 한다.

❶———— 경사에 따라 한 클럽 또는 두 클럽을 길게 잡는다.
❷———— 목표한 방향보다 약간 왼쪽을 바라본다.
❸———— 공은 경사가 낮을수록 오른쪽에 둔다.
❹———— 체중은 왼쪽에 좀 더 두어 균형을 맞춘다.

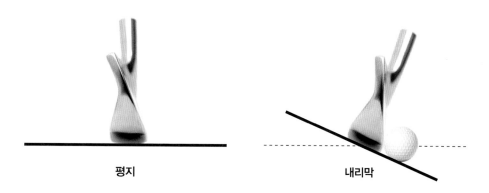

평지   내리막

골프 스윙의 리듬과 템포

백스윙 리듬을 천천히 하라는 전통적인 골프의 학습이 오히려 몸의 밸런스를 무너지게 할 수도 있다. 실제 많은 골프 학습 현장에서 스윙의 템포와 리듬이 중요하다고 강조하고 있다. 그러나 개인과 환경에 따른 샷의 특성은 다양하므로 이를 일반화하기는 어렵지만, 일반적인 운동 수행에서는 동작이 빠르면 일정한 수행이 어렵다고 알려져 있다. 일정 템포 범위 내에는 느린 동작이 오히려 동작의 가변성이 커져 안정적인 스윙이 어려워진다는 시각도 있다. 따라서, 본인이 제어할 수 있는 범위에서는 어느 정도의 빠른 템포가 일정한 스윙 타이밍을 만들기에 유리하다.

<table>
<tr><td>04</td><td>어프로치 샷</td><td>*Approach Shot*</td></tr>
</table>

| 04 | 어프로치 샷 | *Approach Shot* |

피칭 Pitching, 피칭 앤드 런 샷 Pitch and run shot

기본적으로 피칭샷은 홀로부터 50~100m 남은 곳에서 웨지를 이용해 볼을 치는 것을 말한다. 골퍼는 웨지를 이용하여 풀샷과 하프 샷, 30도 샷을 구사할 줄 알아야 하며, 이외에도 볼을 올려쳐야 하는 로브 샷Lob shot과 러프 위로 올린 뒤, 그린에서는 굴릴 수 있는 피치 앤드 런 샷도 연습해두어야 한다. 그린 주변에는 벙커와 해저드가 도사리고 있어 이를 피해 볼을 핀 가까이 붙일 수 있어야 스코어를 줄일 수 있다. 초급 골퍼들에게 드라이버와 아이언의 연습 비중이 높다면, 중·상급자에겐 어프로치와 퍼트의 연습 비중이 높다. 프로 선수들의 어프로치는 페어웨이나 그린 주변 100m 이내의 공을 치는 것을 말하며, 피칭웨지PW, 샌드웨지SW, 로브웨지LW, 갭 웨지GW 등을 사용해 샷을 한다. 어프로치에는 피칭샷, 피칭 앤드 런샷, 로브샷, 칩샷이 있다.

TIP!!
피칭 풀샷이 약 100m라면, 팔을 수평까지만 올린 하프 샷으로 50~60m를, 이에 반만 올린 30도 샷으로 50m 이내의 거리를 보낼 수 있는 스윙 방법을 습득해야 한다.

문성모 프로의 어프로치 샷 영상입니다. 영상을 보며 함께 이미지 트레이닝을 해봅시다. ▶ ▶

어프로치 플레이에서는 그립을 조금 더 짧게 잡아 손목 꺾임을 방지한다. 이는 자유도(손목 각도)를 고정하여 일정한 스윙을 만든다. 어프로치 어드레스 시 만들어진 삼각형은 임팩트 후에도 그대로 유지하며 피니시에서 오른팔과 클럽이 일직선이 되도록 한다.

❶──────── 스탠스를 좁히고, 공을 오른발 엄지 발가락 앞에 둔다.

❷──────── 거리에 맞는 웨지를 선택하여 샤프트를 너무 눕혀 클럽을 사용하지 않는다

❸──────── 아이언 샷과 같이 팔로 스윙을 한다기보다 몸 전체를 회전하는 느낌으로 움직인다. (팔을 겨드랑이 가까이에 고정한다는 느낌으로 움직인다.)

❹──────── 최대한 부드럽게 움직이도록 한다.

❺──────── 100m 이내의 거리를 스윙 스피드로 조절하지 않고, 백스윙의 크기로 조절한다.

로브샷Lob shot

로브샷은 보통 그린 주위에 벙커가 있어 이를 피해 핀으로 올려놓아야 할 때 주로 쓰인다. 볼이 굴러가는, 런 거리를 최소화하기 위해 볼을 띄우는 방법으로 로프트 각이 큰 웨지를 이용하여 클럽 페이스를 오픈시키고, 페이스가 하늘을 바라보도록 세팅하여 샷을 한다.

❶————— 긴 클럽보다 샤프트가 세워져 올라가는 업라이트 스윙
　　　　　의 형태이다.
❷————— 웨지는 완전한 핸드퍼스트로 맞는 것이 좋다.
❸————— 손목을 꺾거나 공을 퍼 올리지 않고 임팩트 후 백스윙
　　　　　의 테이크어웨이만큼 클럽을 앞으로 가져간다.

칩샷 Chip shot

칩샷은 볼을 굴려 홀컵에 붙이는 것으로 샌드웨지나 어프로치 샌드
웨지를 사용하여 샷을 한다. 공중에 볼을 띄워 보내는 피칭샷과 달리
런이 필요한 상황에 적합하다. 그린 주변에서 핀까지의 거리가 멀 때,
런을 발생시켜 핀까지 굴리는 것이 확률적으로 정확도가 높다.

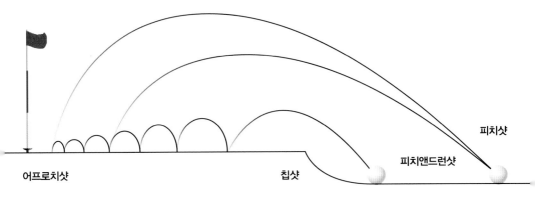

어프로치샷　　　　　　　　　　　　　　칩샷　　　피치앤드런샷　　피치샷

주로 벙커에서는 샌드웨지(Sand wedge, SW)를 사용한다. 모래에서 사용하는 웨지라 하여 샌드웨지라 불리지만, 벙커에서 무조건 샌드웨지를 잡는 초보 골퍼는 되지 말았으면 한다. 샌드웨지를 제대로 활용하기 위해서는 웨지의 두드러지는 두 가지 특성에 대해 알아두어야 한다.

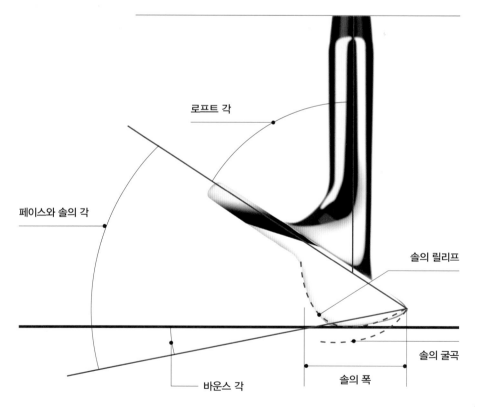

로프트 각

페이스와 솔의 각

솔의 릴리프

솔의 굴곡

솔의 폭

바운스 각

문성모 프로의 벙커 샷 스윙 영상
입니다. 벙커 샷 스윙 영상을 보며
이미지 트레이닝을 해봅시다.

- 샌드웨지는 다른 웨지에 비해 바운스 각이 커 클럽헤드의 앞날이 모래에 박히지 않고 튀어 오르게 만들어졌다.
- 샌드웨지는 다른 웨지에 비해 로프트 각이 커 공의 비거리가 짧지만 높은 탄도를 그린다.

HIGH 하이 바운스 *9°~14°*	*MID* 미드 바운스 *7°~9°*	*LOW* 로우 바운스 *4°~7°*

따라서, 골퍼는 웨지의 바운스 각과 로프트 각을 잘 활용할 줄 알아야 한다. 부드러운 모래 구덩이에서는 바운스 각이 클수록 튀어 오르기 쉬우나, 겨울철 골프나 모래의 입자가 굵고 지면이 딱딱할 때는 클럽이 모래를 파고들지 못해 뒤땅 샷이 나온다. 이럴 때는 바운스 각이 작은 웨지를 선택하고, 칩샷을 하는 느낌으로 부드럽게 스윙한다.

그린 주변의 벙커뿐만 아니라 페어웨이 벙커도 심심찮게 볼 수 있다. 페어웨이 벙커는 핀까지의 거리가 꽤 남은 상황에서, 벙커의 턱이 높지 않아 풀스윙을 할 수 있다면 로프트 각이 크지 않아도 되므로 우드 또는 아이언을 선택한다. 이때, 그린 주변 벙커와 달리 볼 뒤쪽을 타격하는 것이 아니라 약간 톱볼을 치는 것처럼 볼 위와 중앙을 직접 타격한다. 그러면 벙커 탈출과 동시에 비거리를 확보할 수 있다.

TIP!!
모래를 발로 비벼보면 모래의 상태를 알 수 있다.

06	퍼트	*Putt*

'퍼팅천재'라 평가받던 바비 로크(Bobby rock)는 "Drive for show but putt for dough"(드라이버는 쇼, 퍼트는 돈) 이란 명언을 남겼다. 골프는 비거리와 정확도의 싸움이지만 자신과 비슷한 비거리를 가진 골퍼와의 대결에서는 결국 퍼팅이 승부를 가른다. 즉, 드라이버는 비거리, 퍼트는 정확도라는 것이다. 우리나라에는 골든 그랜드 슬램(4개 메이저 대회 우승)을 달성한 퍼트의 달인 박인비 선수가 있다. 3~4.5m 거리의 퍼트 성공률이 세계 최고로, 많은 경기에서 우승을 차지했다. 아이언 연습만큼 퍼팅 연습도 게을리하지 말자.

스윙을 마친 후에도 스탠스는 전혀 변하지 않는다. 삼각형이 흐트러지지 않도록 하여 그대로 앞으로 가져간다.

퍼트에서 중요한 5가지 요소

❶ ─────── **스탠드** : 두 다리는 어깨너비만큼 벌려 스퀘어 스탠스로 선다. 양발은 발 중앙보다 약간 앞쪽에 체중을 두며, 왼발에 약 60%로 체중을 분배하는 것이 좋다.

❷ ─────── **눈의 위치** : 스탠스를 바르게 두었다면, 시선은 목표한 라인(에이밍 라인)의 한 지점에 머물러 있어야 한다. 주 안시의 중심에 공이 있는 것이 가장 알맞다.

❸ ─────── **그립** : 퍼터 헤드의 무게를 느낄 수 있는 그립으로 가볍게 잡으며, 진자 스윙 시 가상 편한 퍼트 그립으로 잡는다. 퍼팅에는 다양한 그립 법(오버래핑 그립, 크로스핸드 그립, 집게 그립)이 있으므로 자신에게 맞는 그립 법을 찾는 것이 좋다.

❹ ─────── **거리 조절** : 아이언 스윙과 마찬가지로 백 스트로크로 거리를 조절한다. 다만 5m 안의 스트로크는 오른발 안쪽(엄지발가락, 오른손잡이 기준)까지 백 스트로크를 하고, 피니시 스트로크로 거리를 조절한다. 스트로크의 너비로 거리를 조절하기 때문에, 자신에게 맞는 스트로크 너비를 계산하여 연습해두는 것이 좋다. (예 / 오른쪽 발 안쪽까지 백 스트로크에서 피니시 1:1, 5m 오른쪽 발 바깥쪽까지 백 스트로크 시 1:2, 10m)

❺ ─────── **몸의 유동성** : 오른 팔꿈치가 갈비뼈에 살짝 붙여 스트로크를 한다면, 조금 더 안정되고 일관된 스트로크를 할 수 있다.

퍼트 순서(퍼트 루틴)

TIP!!
퍼팅 규칙은 홀컵에서 먼 순서대로 퍼팅한다. 이때 다른 동반자가 먼저 퍼팅하였다면, 지나간 퍼팅 라인을 유심히 살펴보자. 많은 이점이 있을 것이다.

- 퍼팅할 지점의 반대지점(홉컵 뒤)에서 공과 홀컵 사이의 경사도를 확인한다.
- 공 쪽으로 걸어오면서 대략의 퍼팅 거리를 가늠한다.
- 공 앞에서 초기 경사를 가늠한다.
- 공으로부터 홀컵까지의 거리를 가늠하고 에이밍 라인을 정한다.
- 에이밍 지점을 바라보고, 어드레스를 잡는다.

다양한 퍼트 그립 자세

정교함이 무엇보다 중요한 퍼트는 플레이어가 가장 정확하게 퍼트할 수 있는 편안한 자세를 취하게 된다. 그러다 보니, 골퍼들의 퍼터 그립을 잡는 법도 가지각색이다. 가장 고전적이며 일반적인 리버스-오버랩 그립(그림1)과 왼손이 아래로 자리 잡게 되는 크로스-핸드 그립(그림2), 두 손이 맞물리지 않고 그립 위에 나눠 잡는 크로우-그립(그림4) 등이 있다. 자신이 가장 편안하게 퍼트할 수 있는 그립을 선택하는 것이 좋다.

CHAPTER 4

골프,
알아가기

클럽은 헤드, 샤프트, 그립으로 구성돼 있으며 클럽을 선택할 시에는 각 클럽마다 로프트 각을 확인하고 겹치지 않도록 구성한다. 또한, 자신의 신장, 체중, 악력 그리고 개인의 취향에 맞는 클럽을 선택하는 것이 중요하다. 클럽의 세트는 총 14자루를 라운드에 가지고 나갈 수 있으나, 아마추어 골퍼들이 가장 많이 선호하는 클럽은 아이언 5~9번, 드라이버, 우드, 웨지, 그리고 퍼터로 대략 8··10자루이다. 요즘은 골프 피팅 센터에서 정확한 스윙 분석을 통해 자신에게 꼭 맞는 골프클럽을 구매할 수 있다.

TIP!! ─────── Track man 또는 GC쿼드(최첨단 스윙분석 기계)가 있는 곳으로 가면 더욱 정확한 스윙 분석이 가능하다.

드라이버 Driver

1번 드라이버 클럽의 구매 시 고려해야 할 사항으로는 헤드와 로프트 그리고 샤프트가 있다.

헤드

드라이버 헤드의 기준 규격은 460cc를 넘지 않아야 한다. 이에 현재 생산되는 모든 드라이버의 헤드 규격은 외형의 모양과 크기와 상관없이 460cc이며 모델에 따라 약간 작게 만드는 예도 있다. 헤드는 '샬로우 페이스 shallow face'와 '딥페이스 deep face' 두 가지 형태로 분류된다.

- **샬로우 페이스** : 페이스 면이 좌우로 얇게 퍼져 있고 위아래가 좁다. 헤드의 무게 중심이 아래에 형성되어 있어 관성 모멘트가 높고 직진성에 도움이 되며 공을 잘 띄울 수 있다. 초급자, 중급자들이 주로 이용한다.

- **딥 페이스** : 헤드의 위아래가 넓고, 좌우의 폭이 좁다. 무게 중심이 상대적으로 중간 위쪽이고, 헤드의 앞쪽에 있어 탄도가 낮은 편이지만 공에 힘이 강력하게 전달되는 특징이 있다.

TIP!! —— 요즘은 굳이 어려운 클럽보다는 쉽고, 정확성이 높은 샬로우 페이스의 헤드를 사용하는 것을 권장한다.

샤프트

샤프트는 자신에게 맞는 샤프트의 강도, 무게, 토크, 그리고 킥 포인트를 고려하여 선택한다.

- **샤프트 강도** : 스윙 스피드에 알맞은 샤프트 강도를 썼을 때 최적의 퍼포먼스를 낼 수 있다. 스윙 스피드가 느린 골퍼가 너무 강한 샤프트를 선택하게 되면 비거리와 정확성이 감소할 수 있으니 스윙 스피드에 맞는 적절한 샤프트를 고르는 것이 중요하다.

샤프트 강도	특징
J(junior)	아동용
L(ladies)	부드러움, 일반 여성용
A(amateur)	약간 부드러움, 힘이 약한 남성 또는 강한 여성, 시니어
R(regular)	보통, 일반 남성용
SR(stiff regular)	남성용 S와 R의 중간 강도
S(stiff)	딱딱한, 상급 골퍼용
X(extra stiff)	매우 단단함, 프로용

- **샤프트 무게** : 드라이버 샤프트 무게는 여성용 30g~50g, 남성용 40~80g 정도
  이다. 여성용의 샤프트는 가벼울수록 가격이 비싸다.

헤드 스피드(단위:m/s)	샤프트(Flex)
27-32	L
33-37	A
38-42	R
43-47	SR
48-52	S
52	X

- **샤프트 토크**Torque : 샤프트의 뒤틀림 정도를 나타내는 토크는 헤드 스피드에 따
  라 조정이 필요하다.

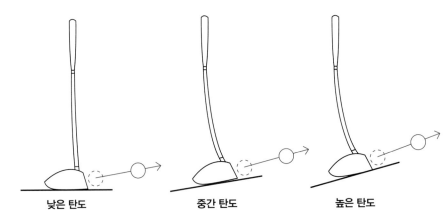

낮은 탄도   중간 탄도   높은 탄도

- **샤프트 킥 포인트** : 샤프트 킥 포인트란 샤프트에서 가장 많이 휘는 지점point을 말한다. 킥 포인트의 지점에 따라 로우 킥low kick, 미들 킥middle kick, 하이 킥high kick 으로 나뉘며 시중 샤프트의 대부분은 미드-로우 킥 포인트 샤프트이다. 시니어 와 여성 골퍼는 로우 킥 포인트(높은 탄도) 샤프트를 사용하면 스윙 시 부드럽고 비거리가 잘 나온다. 스윙 스피드가 어느 정도 나오는 힘 있는 여성과 남성에게 는 미들 킥 포인트(중간 탄도) 샤프트를 추천한다.

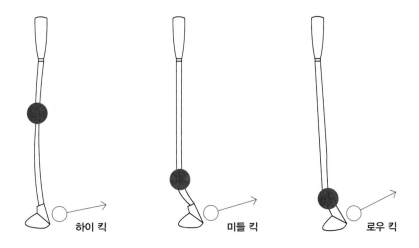

하이 킥   미들 킥   로우 킥

페어웨이 우드Fairway wood

페어웨이 우드는 1번 드라이버를 제외하고 2~7번으로 구성되어 있으며, 번호가 작을수록 로프트 각이 줄고, 헤드의 크기가 커져 비거리가 길어진다. 우드는 보 통 다른 클럽을 모두 구성한 후, 마지막으로 갖추는 경우가 많으며 여성은 남성 과 달리 드라이버와 같은 브랜드의 우드, 유틸리티를 구비한다. 여성클럽은 남 성클럽보다 종류가 다양하지 않고, 클럽 특성상 브랜드가 다르면 샤프트의 편차 가 크기 때문이다. 우드 또는 유틸리티는 아이언 번호에 +1을 하여 선택하는 것 이 일반적이다. (예 / 아이언 3번 -〉 유틸리티, 우드 -〉 4번 유틸리티 / 4~5번 우드)

유틸리티 Utility wood

헤드 모양이 고구마처럼 생겼다고 해서 '고구마'라고 편하게 부르기도 하는 유틸리티는 우드의 장점과 아이언의 장점을 겸비한 비밀병기다. 아마추어 골퍼들은 아이언의 길이가 길어질수록 무거운 헤드를 다루기가 어렵다. 반대로 우드는 아이언보다 가벼워 다루기 쉽지만, 방향성이 정확하지 않고, 바람의 영향을 많이 받는다. 아이언처럼 정확도가 높고, 헤드가 가벼워 다루기 쉬운 우드의 장점을 모아 만든 클럽이 유틸리티다. 유틸리티의 헤드는 롱 아이언의 로프트와 비슷하고, 샤프트는 우드보다 짧다. 따라서 유틸리티를 선택할 시에는 우드와 아이언 간의 비거리 공백을 메울 수 있는 것으로 선택해야 한다.

헤드 스피드(m/s)	드라이버	우드	유틸리티
75미만	40–50g	45–55g	50–60g
75~85	45–55g	50–60g	55–65g
85~95	55–65g	60–70g	65–75g
95	65g이상	70g이상	75g

5~9번 아이언^{Iron}

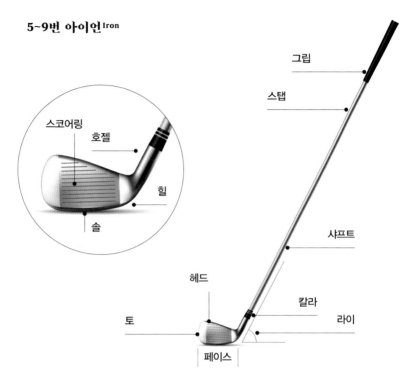

스코어링
호젤
힐
솔

그립
스탭
샤프트
헤드
칼라
토
라이
페이스

헤드(캐비티백, 중공, 머슬백)

아이언 헤드의 모양에 따라 골프의 손맛이 달라진다. 캐비티백은 헤드의 뒷부분
이 움푹 파인 형태로, 스윗 스팟이 넓고 무게 중심이 낮아 관용성이 좋으며, 중
공은 헤드 뒷면의 중앙 부분이 비어 스윗 스팟이 넓어 초보자들도 공을 쉽게 칠
수 있는 장점이 있다. 머슬백은 헤드가 얇아 조작성이 좋다. 아이언을 만드는 두
가지 공법에 따라 헤드 모양이 다르게 설계된다. 먼저, 금속을 두드려 만든 단조
아이언은 머슬백과 같은 단순한 형태의 작은 헤드로 생산돼 상급자들의 전유물
로 여겨졌다. 헤드 모양의 틀에, 녹인 금속을 부은 뒤 응고시켜 만드는 주조 아
이언은 캐비티 백과 같은 단조 아이언보다 손맛은 떨어지지만, 관용성이 좋아
중·초급자들이 선호한다. 그러나 기술의 발전으로 단조 아이언에 캐비티 백이
적용되는가 하면, 단조 아이언처럼 보이는 주조 아이언도 개발되었으니, 자신에
게 맞는 최적의 클럽을 고르면 된다.

페이스 프로그레션Face Progression, FP

아이언의 FP^face progression값은 샤프트의 중심선으로부터 리딩 엣지leading edge까지의 길이를 말한다. 샤프트와 헤드 사이를 연결하는 넥 부분은 크게 구스넥goose neck 과, 스트레이트 넥straight neck으로 나뉜다. 구스넥은 리딩 엣지가 뒤로 물러나 있어 마치 거위의 목 모양과 흡사하다고 하여 붙은 이름이며, 스트레이트 넥은 샤프트와 리딩 엣지가 일자로 뻗어 스트레이트 넥이라 한다. 공의 방향이 일정하지 않은 아마추어 골퍼의 경우 공을 잘 잡아 놓고 칠 수 있는 구스넥의 아이언을 선택하는 것이 좋고, 드로우나 페이드와 같은 기술을 구사하고자 할 때는 조작성이 좀 더 좋은 스트레이트 넥 아이언을 선택하는 것이 좋다.

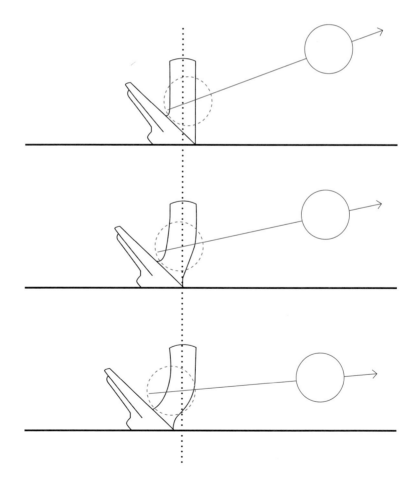

샤프트

- **남성:** 아마추어 남성 골퍼들은 스틸과 그래파이트 두 종류의 샤프트를 사용한다. 스틸 샤프트는 강도가 강하고 무거워 스윙 스피드가 빠른 골퍼에게 적합하나, 스틸 샤프트에도 다양한 종류의 샤프트가 있으므로 잘 따져보고 구매해야 한다. 스틸 샤프트는 무게를 줄인 경량 스틸 샤프트(부드러운 느낌과 높은 탄도)와 트루 템퍼에서 제작한 다이내믹 골드와 같은 중량 스틸 샤프트(임팩트 시 볼에 전달되는 힘이 극대화), 그리고 마디가 없는 통 스틸 샤프트 X(헤드의 타구감 전달에 용이, 편안한 컨트롤)가 있다. 최근에는 단단하고 무거운 그래파이트가 출시되면서 그래파이트 샤프트를 찾는 남성 골퍼들도 많아졌다.
- **여성:** 아마추어 여성 골퍼들의 경우 대부분 스틸보다는 그래파이트 샤프트에 맞는 스윙 스피드와 힘을 가지고 있다. 샤프트는 약 45~50g의 무게와 L^{lady} 강도, 그리고 킥 포인트는 로우킥을 선택하여, 비거리와 관용성에 초점을 맞춘 샤프트를 고르는 것이 좋겠다.

7 아이언 거리	톱 스윙		드라이버 클럽헤드 스피드
〈 115	여성 플렉스	시니어 플렉스	〈 75
115–130	여성 플렉스	시니어 플렉스	76–83
130–145	시니어 플렉스	레귤러 플렉스	84–89
145–155	레귤러 플렉스	스티프 플렉스	90–96
155–165	스티프 플렉스		97–102
165–175	스티프 플렉스	엑스트라 스티프 플렉스	103–109
175 〉	엑스트라 스티프 플렉스		110 〉

경량급	중량급	투어체급
아이언 50~80그램 **우드** 40~50그램	**아이언** 85~115그램 **우드** 55~70그램	**아이언** 120그램 이상 **우드** 75그램 이상

TIP!! ——— 중고 클럽이 단조일 경우 기존의 골프채에서 변경되었을 가능성이 있으므로 정확한 로프트의 각도와 샤프트 강도를 확인하는 것이 좋다.

웨지 Wedge

웨지는 피칭웨지[PW], 샌드웨지[SW], 로브웨지[LW], 갭웨지[GW] 또는 어프로치 웨지 [AW]구성된다. 일반적으로 샌드웨지와 피칭웨지를 많이 사용하며, 둘 사이의 갭을 채워주기 위한 어프로치 웨지도 더러 사용한다. 대부분 골퍼는 로프트 각도에 따라 4도씩 차이 니는 웨지를 소유하고 있으며, 48도~62도까지 다양한 각도의 웨지가 있다. 웨지를 선택할 시에는 기존 아이언의 로프트 각도의 차를 확인하여, 웨지도 아이언의 로프트 각도의 갭과 같은 선상에서 웨지를 구매한다. 1970년대부터 웨지만을 연구해온 세계적인 웨지의 거장 밥 보키는 웨지의 로프트 각도는 4도 차이가 가장 적당하다고 하였다.

웨지를 선택하는 데 있어 또 하나의 중요한 포인트는 바운스 각도이다. 바운스 각도는 리딩엣지와 솔의 가장 낮은 지점 간의 각도를 나타내며, 잔디나 모래에 파고들지 않고 잘 빠져나올 수 있게 만든 것이다. 깊은 러프나 벙커처럼 부드러운 지면에서는 높은 바운스 각의 웨지로 볼 뒤쪽을 파고드는 샷을 구사할 수 있으며, 반대로 딱딱한 지면에서는 볼을 직접적으로 타격할 수 있는 낮은 바운스 각의 웨지로 강력한 스핀을 만들어낼 수 있다.

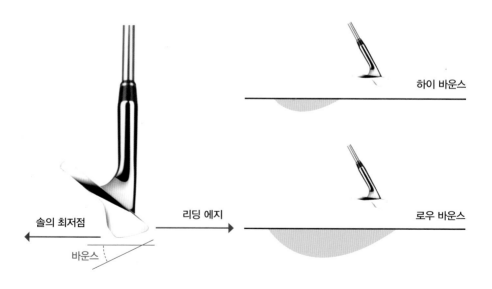

솔의 최저점   리딩 에지   하이 바운스

바운스   로우 바운스

	일반(남성)	일반(여성)	프로(남성)	프로(여성)
드라이버	230yd	160yd	300yd	250yd
3번 우드	215yd	145yd	280yd	205yd
5번 우드	195yd	135yd	255yd	195yd
3번 하이브리드	190yd	135yd	–	–
3번	180yd	125yd	230yd	–
4번	170yd	120yd	220yd	175yd
5번	160yd	110yd	210yd	165yd
6번	150yd	100yd	200yd	155yd
7번	140yd	90yd	190yd	145yd
8번	130yd	80yd	180yd	135yd
9번	115yd	70yd	170yd	125yd
피칭웨지	105yd	60yd	155yd	115yd
샌드웨지	80yd	50yd		
로브웨지	70yd	45yd		

퍼터 Putter

퍼터의 종류는 크게 블레이드 퍼터(일자형)와 말렛 퍼터(반달형)로 나뉜다. 블레이드형 퍼터는 무게중심이 헤드의 바깥쪽(토우)에 있어, 어드레스 시에 양쪽 토우가 약간 들리게 셋업한다. 그러면, 그림과 같이 아치형의 스트로크가 만들어져 거리 조성에 편리하고, 그린 위의 경사를 잘 따라 그릴 수 있지만, 아치 형태의 스트로크로 직진성은 부족하다. 반면에 말렛형 퍼터는 무게중심이 페이스 면에 있고, 그 뒤로 헤드가 길게 만들어져 있다. 이에 스트로크 시에 흔들림이 적어 직진성 스트로크에 좋은 퍼터 형태이지만, 경사를 잘 태울 수가 없다는 것이 단점이다.

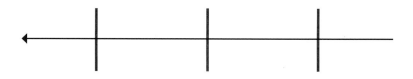

약간의 호를 그리는 골퍼의 경우, 무게 중심이 토toe 쪽에 있는 블레이드 형의 퍼터를 추천하며, 직진성을 그리는 골퍼의 경우, 무게 중심이 중앙 페이스 쪽에 있는 말렛형의 퍼터를 추천한다. 본인의 스트로크의 스타일에 따라 선택하길 권하며, 많은 연습이 이루어진 다음 구매하는 것이 좋다.

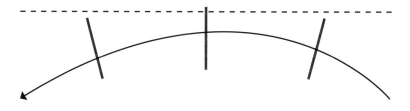

퍼터의 샤프트 길이는 남성은 대부분 33~34인치를 사용하고, 여성은 32~31인치를 사용하지만 샤프트 길이의 정답은 없다. 자신에게 가장 편안하고 좋은 퍼포먼스를 낼 수 있는 퍼터를 고르면 된다.

그립 Grip

그립은 스윙의 70%를 차지한다.   벤 호건 *Ben Hogan*

골프클럽의 그립이라고 하면 보통 두 가지 뜻을 나타낸다. 하나는 클럽을 잡는 방법 즉, 그립 자세이며, 또 하나는 클럽의 손잡이 부분을 뜻한다. 골프 준비물 챕터에서는 손잡이를 나타내는 그립에 대해 먼저 살펴보자.

그립 사이즈

그립은 골퍼의 손 사이즈에 따라 달리 추천할 수 있으며, 골퍼의 손 사이즈를 알 수 있는 가장 쉬운 방법은 장갑 사이즈이다.

장갑 사이즈	그립 추천
x 〉22-23호	언더 사이즈, 경량 그립
23-24호	스탠다스
25호 이상	미드 사이즈 그립

TIP!! ——— 여성의 그립 사이즈는 한 가지이지만 브랜드별로 약간의 차이가 있으니, 정확한 사이즈를 확인해보는 것이 좋다.

재질

쥐는 힘이 약한 여성은 얇은 그립과 잡은 손에서 밀리지 않는 소재의 그립을 선택하는 것이 좋다. 만약 처음 골프채를 구매하고 자신에게 맞지 않는다면, 그립만 교체 가능하니 반드시 본인에게 맞는 그립을 사용하는 걸 추천한다.

재질	특징	선호자
고무그립 (rubber grip)	마모가 빠름 물기에 약함, 부드러움, 타구감 좋음	여성골퍼 일반적인 아마추어 골퍼
실그립 (core grip)	마모가 적음 우천시 미끄러움 방지, 딱딱함	hitter가 선호 땀이 많이 나는 골퍼
반 실그립	우천시 미끄러움 방지	땀이 많이 나는 골퍼

형태

- **라운드형 그립(R)** : 말 그대로 둥근 형태의 그립이다. 다양한 실력의(중, 상급자) 골퍼들이 이용하는 그립이다.
- **립그립(X)** : 갈비rib처럼 긴 대가 세로로 있다. 이 긴 대가 아래로 향해 있어, 항상 같은 위치에서 그립을 잡을 수 있도록 가이드 역할을 해준다. 그러나 운동 기술에 맞게 약간씩 돌려 잡는 상급자 골퍼에게는 오히려 방해될 수 있다.

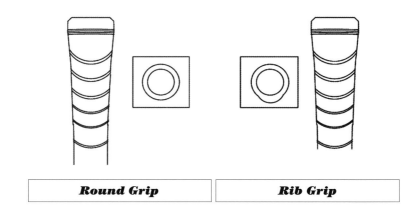

Round Grip	*Rib Grip*

TIP!! ——— 그립의 수명은 보통 3년 정도이며 혼자서도 쉽게 교체 가능하다.

클럽 관리

클럽 관리의 중요성

골프는 공의 마찰력과 회전력이 정확도 제어에 영향을 미치고, 이는 경기 스코어로 이어진다. 골프클럽 홈(그루브)에 이물질(잔디, 모래, 흙 등)이 끼거나, 이미 페이스 표면이 손상되어 있다면 우리는 최상의 퍼포먼스를 낼 수 없다. 아이언뿐만 아니라, 웨지, 우드, 퍼터 모두에 해당하므로, 최상의 경기를 펼칠 수 있도록 평소 클럽 관리에도 신경을 써야 한다.

클럽 손질 방법

❶ 헤드 페이스 면에 묻은 진흙, 모래, 잔디 등은 브러쉬로 제거 후 마른 천으로 닦아주고, 이후 골프클럽 전용 클리너를 이용하여 페이스면 전체에 골고루 바른 후 마른 천으로 문질러 닦아준다.

❷ 아이언이 아닌 우드 형상의 클럽에는 나사 구멍이나 호젤 등에 클리너가 들어가지 않도록 조심한다.

❸ 철 수세미나 강산성의 클리너는 헤드 표면을 빠르게 손상시키고 녹을 발생하는 원인이 될 수 있다.

❹ 샤프트는 골프클럽 전용 오일을 이용하여, 골고루 바른 후 마른 천으로 닦아준다.

❺ 그립에 묻은 이물질은 마른 천으로 닦아주고, 전용 무스를 이용하여 관리한다.

클럽 보관 방법

❶ 고온 다습한 장소는 피하며, 우천 시에는 꼭 마른 천으로 닦은 후 통풍이 잘되는 곳에 두어야 한다.

❷ 자동차 트렁크 속이나, 직사광선이 드는 장소에 오래 두지 않는다.

❸ 골프백 안에서 클럽간에 부딪혀 흠집이 나지 않도록 각각의 클럽에 커버를 씌운다. 특히 퍼터는 라운드 시에도 커버를 씌워 사용하거나, 씌운 채로 라운드를 하겠다고 캐디에게 부탁한다.

아이언 커버

우드 커버

TIP!! ──────── 골프클럽을 골프백에서 꺼낼 때에는 그립이 손상되지 않도록 주의하며, 특히 클럽이 들어 있는 상태에서 골프백이 넘어지지 않도록 주의하도록 한다

골프백은 골퍼들에게 가장 필요한 골프용품으로 보통 캐디백, 투어백, 스탠드백, 하프백으로 나뉘며, 각각의 쓰임새가 조금씩 달라 자신에게 잘 맞는 골프백을 선택하는 것이 중요하다.

투어백

투어백은 말 그대로 프로 선수들이 투어 중에 쓰는 가방으로, 골프백 중 무게가 가장 무겁다. 다른 골프백에 비해 부피가 커 많은 클럽과 용품들을 보관할 수 있으며, 내구성이 뛰어난 장점이 있으나, 1인 캐디가 없는 아마추어 골퍼의 경우 들고 다니기에 다소 무겁고, 불편할 수 있다.

스탠드백

2030 아마추어 골퍼들이 늘어나면서 가볍고, 다양한 디자인의 스탠드 백이 출시되고 있다. 스탠드백은 골프백의 겉면이 가벼운 소재로 만들어져 무게가 가볍다(4kg 이하). 그러나 견고히 서 있지 못한다는 단점이 드러나, 이를 보완하기 위해 비스듬히 세울 수 있는 스탠드(다리)가 포함되어 제조되고 있다. 최근에는 많은 골퍼가 캐디백에서 스탠드백으로 변경하고 있으며, 실제로 연습장에서는 스탠드백이 더 많이 보일 정도로 골프백 시장의 흐름이 바뀌었다.

캐디백

우리나라 아마추어 골퍼들이 가장 많이 애용하는 골프백이다. 캐디가 들고 다니는 것이어서 캐디백으로 불리지만, 최근에는 카트에만 두는 경우가 더 많아 사실 카트 백이 더 적합한 명칭일 수도 있겠다. 투어백보다 수납공간과 무게를 줄여 부담 없이 들고 다닐 수 있도록 한 경량 캐디백도 많이 출시되고 있어 충분히 어깨에 메고 다닐 수 있게 됐다.

하프백

하프백은 클럽의 하프^{half}만 담는 크기의 백으로 3~4개의 클럽만을 가지고 집 앞 연습장 또는 Par3 골프장을 갈 때 용이하게 쓰인다.

TIP!! ───── 국외로 나갈 때에는 반드시 항공백으로 골프백을 포장하여야 한다. 찢어지지 않는 튼튼한 재질로 만들어진 항공백을 구입하길 권한다. 골퍼가 오랜 시간 이동하기 어려울 경우, 바퀴 달린 골프백(휠백)을 추천한다.

골프공 및 관련 용품

골프공

값비싼 골프클럽은 유행이 지 났다고 해서 쉽게 바꿀 순 없지 만, 골프공은 자신의 개성에 따 라 언제든지 쉽게 바꿀 수 있 다. 특히 유행에 민감한 여성 골퍼들은 필드 위 자신의 모습 을 다양한 골프공으로 표현하

고 있다. 화려한 컬러와 캐릭터로 나를 표현하는 트렌디한 볼과 최대 비거리를 끌어내는 고반발 퍼포먼스 공, 그리고 야간 라운딩에서도 나의 볼을 알릴 수 있 는 '인싸템' 발광 골프공 등이 있다. 취향에 맞는 골프공을 선택하여 필드 위를 즐겨보자!

골프공 수건

볼을 닦을 수 있는 골프 볼 전용 수건을 준비 하자. 섬세하고 예민한 골프에서 잔디 또는 흙이 묻은 공은 경기 결과에 큰 영향을 미친 다. 한국에서는 대개 캐디가 볼을 닦아주지만 1부 티업이나 우천 시에는 빈번히 닦아줘야 하므로 스스로 골프 볼 수건을 잘 챙겨야 원 활한 경기 진행이 가능하다.

골프공 라이너

스코어를 줄이기 위해 전날 꼭 해야 하는 일이 하나 있다. 바로 볼 준비다. 경기 에서 쓸 공을 미리 준비함과 동시에 공에 라인도 그려 넣는다. 에이밍 라인은 정 확한 방향성을 잡는 데 도움이 된다.

2040 골퍼들이 늘어나면서 골프웨어의 소비가 큰 폭으로 증가하고 있다. 대부분의 골프 브랜드드 의류는 10만 원대를 훌쩍 넘는다. 그러나 최근에는 굳이 골프 브랜드에 국한되지 않고도 편안하고 깔끔한 스포츠웨어를 골프웨어로 착용하는 젊은 골퍼들이 늘어나고 있다. 적절한 테니스웨어나 트레이닝복 등을 공용으로 착용하기도 한다.

❶ 칼라^{collar}(옷깃)가 있는 골프웨어를 입는 것이 전통적이다.

❷ 반바지가 허용되지 않는 골프장이 있으므로 미리 확인한다.

❸ 모자는 반드시 착용한다.

❹ 땀을 빠르게 흡수하고, 통기성이 좋은 기능성 골프웨어를 추천한다.

❺ 청바지는 금지다.

TIP!! ──── **골프웨어 브랜드**

나이키, 언더아머,
아디다스, 스릭슨,
JDX, 엘르, 르꼬끄,
닥스, 빈폴, 아널드 파머,
데상트, 먼싱웨어, 데상트,
타이틀리스트, 캘러웨이,
르꼬끄, 미즈노, 핑, 엘르,
마크엔로나, 지포어,
닥스런던, PXG,
제이린드버그, 페어라이어,
라피유로, LPGA, Ck,
malbon, 레노마, 볼빅,
와이드앵글, 잭니클라우스,
풋조이, 어뉴, UTAA, V12,
혼가먼트, 듀베티카 등

골프화

골프를 갓 시작한 골퍼가 가장 먼저 구매해야 할 골프용품으로 골프화를 꼽는다. 골프화를 먼저 구매해야 하는 이유는 신발 아래에 붙어있는 스파이크와 단단한 재질이 골프 스윙 시 안정된 자세를 유지해주고, 미끄러운 잔디 위에서 빠른 회전을 지탱하는 데 도움이 되므로 처음 골프 자세를 배우는 골퍼들에게는 꼭 필요한 골프용품이라고 할 수 있다. 골프화는 크게 스파이크와 스파이크리스로 나뉘며, 스파이크는 필드에서, 스파이크리스는 연습장에서 주로 사용된다.

골프화 선택 시 고려할 점

❶ 필드용, 연습장용 둘은 같은 굽 높이의 골프화를 구매한다. 굽 높이에 따라 느낌이 다르다.

❷ 최근 출시되는 높은 굽(에어)의 골프화는 추천하지 않는다. 무게 중심이 아래로 갈수록 안정성은 더욱 높아진다.

❸ 착화감과 접지력이 우수한 골프화를 추천한다.

❹ 골프장에서 제한하는 골프화는 피한다. 그린을 망가뜨린다는 이유로 금지된 골프화가 있다.

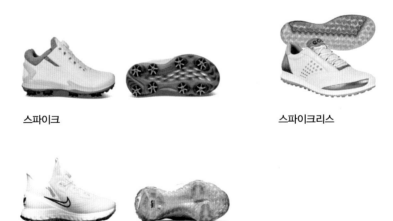

스파이크

스파이크리스

스파이크혼합

다양한 브랜드에서 2040 골퍼들의 구매 욕구를 자극하는 많은 골프 소모품을 생산하고 있다.

골프 티꽂이

- **티꽂이** : 내구성이 강한 나무 티로 일정한 높이로 꽂기 편리하게 눈금이 표기되어 있는 나무 티꽂이이다. 프로 골퍼들이 가장 많이 애용하고 있다. 나무 티는 부러질 수 있어 일회성으로 사용된다.

- **기능성 티꽂이** : 임팩트시 골프티 헤드가 가볍게 꺾여 클럽 헤드의 저항 없이 볼을 날려 보낼 수 있다. 일정한 높이 조절이 가능하며, 다회용으로 사용 가능한 티로 많은 아마추어 골퍼가 사용한다.

골프 장갑

골프 장갑에는 양피와 합피 그리고 양피와 합피를 섞은 반양피가 있다. 양피의 장점은 강한 밀착력과 그립감으로 합피에 비해 비싸지만, 그만큼의 값어치를 하고, 합피는 저렴한 가격과 튼튼한 내구성으로 오래 사용 가능하다. 요즘에는 양피와 합피를 섞은 반양피 장갑을 선호하는 프로 골퍼들이 많아졌다. 또한, 여성 골퍼들을 위한 컬러풀하고 예쁜 장갑들이 생산되고 있으나, 한쪽 장갑만 출시되는 남성 장갑과 비교하면 여성 장갑은 양손으로 생산된 장갑이 대부분이어서 가격도 두 배다. 2040여성 골퍼들을 위한 가성비 좋은 한 손 착용 골프 장갑이 많이 출시되었으면 한다.

볼 마커

경기 중 많은 골퍼들이 모자에 클립을 달아 놓은 것을 볼 수 있다. 워낙 다양한 종류의 볼 마커를 볼 수 있어 단지 패션 액세서리라 생각할 수 있지만, 이것은 그린 위 공의 위치를 표시하는 용도로 쓰인다. 볼을 홀컵 방향에 맞게 재정렬하고, 다른 골퍼의 볼 진행 방향을 방해하지 않도록 집어 올린 공의 위치를 표시하는 용도로 쓰이는 것이다. 만약 볼 마커를 두지 않은 채 공을 집어 올렸다면, 1벌타를 받게 되니 조심하자. 볼의 진행 방향 뒤쪽, 즉 홀컵에서 먼 방향으로 볼 마커를 두는 것이 골프규칙이다.

거리측정기

거리측정기는 갓 골프를 시작한 골퍼들에게는 당장 사지 않아도 될 골프용품 중 하나이다. 국내는 대개 캐디가 동행하여 라운딩을 나가므로 정확한 목표 거리는 캐디에게 물어보면 된다. 다만, 라운딩을 나가는 횟수가 잦아지고, 스스로 거리 감각을 익히기 위함이라면 미리 구매해도 좋겠다. 거리측정기는 GPS형과 레이저형 둘로 나뉜다. 손목에 찰 수 있는 시계형이 GPS형이며, 허리춤에 차고 다니는 것은 레이저형이다. (주요 브랜드: 부쉬넬, 보이스캐디, 니콘, 캐디톡)

- **GPS형** : 일반적으로 스마트워치 형식으로 출시되어 휴대성이 뛰어나고, 야간에도, 궂은 날씨에도 제약을 받지 않는다는 장점이 있지만, GPS형식으로 거리오차가 크며(3~10m), 일부 국내외 코스에서는 GPS 기능을 사용하지 못하는 경우가 있다.

- **레이저형** : 군용으로 개발된 레이저형 거리측정기는 원하는 곳(핀, 해저드 등등)을 조준하면 레이저의 송수신 시간차를 통하여 정확한 거리를 측정할 수 있다. 다만, 거리측정기 대부분은 허리춤에 차고 다녀야 하므로 불편함이 따른다.

골프 연습도구

- **보조그립** : 기존의 그립을 제거하지 않고, 그대로 그립 위에 장착하여 사용하는 것으로, 그립을 견고하게 잡을 수 있고, 밀리지 않아 파워풀한 스윙을 할 수 있도록 도와준다.

• **퓨어패스** : 반복적인 스윙 임팩트 연습기로, 임
팩트 시 연습 공의 회전 방향으로 슬라이스 또
는 훅이 일어나는지 피드백을 받을 수 있다.

• **퍼팅매트** : 실제 그린과 유사한 스팀미터 수치
로 제작된 퍼팅매트로 집안에서 가장 많이 쓰이
는 연습도구 중 하나이다. (트루롤 표면 기술 적용)

• **템포 앤 그립 트레이너** : 스윙의 템포, 타이밍,
그립(손의 위치) 훈련을 위한 골프 스윙 연습기이
다.

• **교정 스틱** : 골프 연습도구 중 가장 간단하고,
많이 쓰이는 도구로 어드레스 정렬 시 가장 많
이 쓰인다.

구매 팁

골프를 시작하고 가장 먼저 접하게 되는 클럽은 7번 아이언으로, 7번 아이언의 풀스윙이 가능할 때 자신의 몸에 맞는 맞춤형 골프 세트를 구매하는 것을 추천한다. 많은 아마추어 골퍼들이 7번 아이언을 입문용으로 많이 찾다 보니 인터넷 또는 중고시장에서 7번 아이언만 구매할 수 있다. 중고 아이언 세트를 구매하여 3개월간의 연습을 통해 어느 정도 자세가 잡혔다고 생각되면 피팅센터를 찾아 나의 스윙 패스와 스피드 등 여러 가지 요소를 파악하고 이에 맞는 클럽을 구매한다. 아이언 클럽 세트를 먼저 구매한 이후, 우드를 구매하길 권한다. 우드는 아이언 브랜드와 같을 필요는 없으나, 우드끼리는 같은 브랜드를 구매하길 권한다. 우드가 갖춰진 다음 웨지와 퍼터를 장만한다.

구입 순서

❶ **1. 7번 아이언을 먼저 구매** : 인터넷 거래 2만 원대 / 중고시장 거래 1만 원대
❷ **중고 아이언 세트 구매 10만원대(중고매매)** : 골때려 골프, 중고골프 매장, 당근마켓 등
❸ **골프 피팅을 받고, 자신에게 맞는 아이언 구매** : 러브골프, AK골프, 골프존 마켓 외 피팅센터 등
❹ **우드 구매**
❺ **웨지와 퍼터 구매**
❻ **기존 중고 아이언 세트 재판매** : 골마켓, 중고나라, 당근마켓 등

CHAPTER 5

골프,
친해지기

라운드 준비물

지인은 골프를 시작한 지 10년이 되었지만, 아직도 라운드 전날이 되면 밤잠을 설친다고 한다. 많은 아마추어 골퍼들도 그럴 것이다. 라운드 전날은 라운드를 위해 이것저것 챙겨야 할 것이 많고, 라운드 동반자들과 함께 야외로 나가서 즐거운 골프를 할 수 있다는 설렘 때문이 아닐까 싶다. 골프 라운드를 위해 우리는 3개의 가방을 챙겨야 한다. 라운드를 위한 골프 백과 갈아입을 옷가지와 신발, 세면도구 등을 넣을 수 있는 보스턴 백, 그리고 공, 티, 물, 거리측정기 등을 넣을 수 있는 파우치까지 모두 챙겨야 한다. 이 모든 것을 챙겨야 그날의 컨디션을 유지할 수 있으며, 간혹 물건이 하나라도 빠져 있다면, 라운드 내내 불편할 수 있으니 잘 챙기자.

- **골프백:** 14개의 클럽, 신발, 볼 수건
- **보스턴 백:** 골프웨어, 모자, 선글라스, 세면도구, 신발, 물, 가운(여성)
- **골프 파우치:** 공, 장갑, 티, 거리측정기, 볼마커, 라운딩 간식, 현금 등

보스턴백

볼파우치

골프백

카트걸이

수분보충

파우치

총 18홀이 기본이며, 전반의 1~9번 홀을 아웃코스, 후반의 10~18번 홀을 인코스라 한다. 골프코스는 총 5구역(티잉구역, 페널티구역(해저드), 벙커, 퍼팅그린, 일반구역)으로 나뉘며, 코스가 아닌 이외 구역을 오비OB, out of bounds 구역이라 한다.

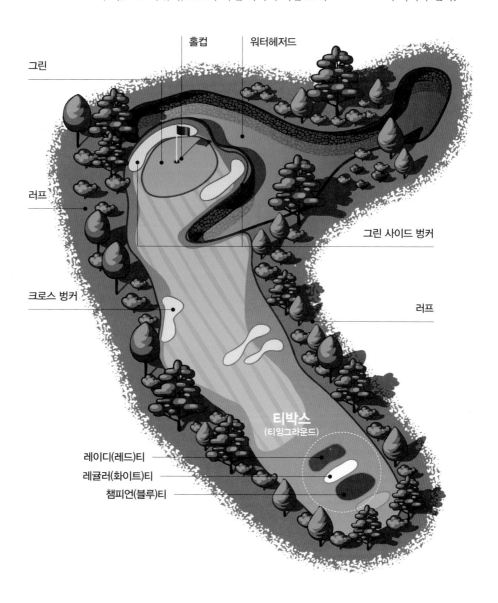

홀컵
워터헤저드
그린
러프
그린 사이드 벙커
크로스 벙커
러프
티박스
(티잉그라운드)
레이디(레드)티
레귤러(화이트)티
챔피언(블루)티

코스 전략

클럽하우스에서 나간다고 하여Going out, 전반 9홀까지를 아웃코스, 들어간다고 하여coming in 후반 10~18홀을 인코스로 명명하였다. 총 18홀에는 Par3, Par4, Par5, 세가지 타입의 홀로 구성되어 있으며 그 중 Par4 홀이 가장 많다.

홀에 따른 전략

짧은 홀(Par 3) 코스 전략

Par3 홀에서는 누구나 원온(한번만에 공이 그린에 안착)을 시도해볼 만하다. 따라서 그린의 상태를 미리 파악하고 있어야 하며, 그린 주변의 해저드 또한 고려해야 한다. 그린의 한가운데 홀이 있는 것이 아니라 한쪽으로 치우쳐 있는 경우가 많아, 핀(깃대)을 바로 공략하는 것보다 해저드를 피해 핀의 오른쪽이나 왼쪽, 그린의 중앙으로 공략하여 안정된 플레이를 하는 것이 좋다. Par3 홀은 티업을 할 수 있는 홀이니 꼭 활용하자.

중간 홀(Par4) 코스 전략

Par4 홀은 총 18개의 홀 중 10홀이나 되므로, 이 홀의 경기 운영 능력에 따라 경기의 승부가 가려질 수 있다. Par4홀의 코스 길이는 230~430m(남성 홀: 화이트, 블루 티)와, 193~366m(여성, 시니어, 레드 티)이다. 짧은 Par4와 긴 Par4의 차이가 100m 이상 차이가 나기도 하며, 코스 설계 또한 복잡하여 코스에 대해 세밀하게 파악하고 있어야 한다.

긴 홀(Par5) 코스 전략

Par5 홀은 전장이 가장 긴 홀이다. 긴 홀일수록 몸에 힘이 더 들어가기 마련이다. 드라이버로 힘껏 날려 2온(2타수 만에 공을 그린 위에 올리는 것)을 노려볼 생각도 든다. 그러나 샷을 힘껏 하려다 보면 몸은 더욱 경직되고 스윙은 망가진다. 그러므로 Par5 홀에서는 힘을 빼는 것이 가장 핵심이다. 힘을 빼면 각 관절의 가동범위를 최대로 이용하여 회전력을 높일 수 있다. 몸의 회전을 이용하여 유연하게 스윙하려고 노력해보자.

전반적인 코스 전략시 알아둘 사항

❶ 티잉 그라운드와 그린과의 거리
❷ 예상되는 두 번째 샷의 낙하지점
❸ 그린 주변의 장애물 파악
❹ 그린의 경사도 정보
❺ 잔디의 특징 등 코스의 전반적인 특성

예시

• **티샷** : 티잉 그라운드와 그린과의 거리는 328m로 Par4 홀이다. 평균 비거리가 200m인 A 골퍼는 목표 선상에 있는 해저드와 약 200m 거리에 있는 우측 벙커를 피해 좌측 페어웨이를 공략한다.

• **그린** : 좌측 그린이 목표(홀컵)일 경우 우측 벙커를 피해 좌측으로 공략하고, 그린의 경사면을 고려하여 경사면이 높은 좌측을 공략한다.

TIP!! ─── 골프장 웹사이트에는 홀의 특성과 전략에 대한 정보가 나와 있다. 라운드 전 참고해보자.

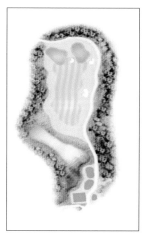 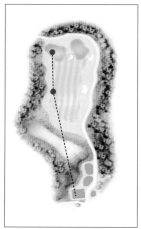

CHAPTER 6

골프,
편해지기

골프 연습장을 이용한 연습

실내연습장

실내연습장은 사시사철 골프 연습이 가능하고, 골프를 연구하는 프로들이 많아 골프를 좀 더 체계적으로 배울 수 있는 곳이다. 또한, 정확한 분석이 가능한 최신기계도 갖춰져 있어 이를 활용한 골퍼의 수준별 맞춤 학습도 가능하다. 골프를 처음 접하거나 자신의 구질을 자세히 살펴보고 싶은 골퍼들에게 안성맞춤인 곳이다.

TIP!! ──── 다양한 골프 분석 기계의 기능 중 거울 기능(카메라)이 있다. 이를 이용하여 자신의 스윙 모습을 점검하며 연습해본다.

실외연습장

최근에는 첨단 기기로 거리나 탄도, 구질 등 다양한 피드백 정보를 손쉽게 얻을 수 있다. 그러나 공이 날아가는 모습을 직접 관찰하는 것보다 정확한 피드백은 없다. 기기에만 의존한 피드백은 실제 감각을 발달시키는 데 한계가 있으므로, 실외연습장에서 직접적인 감각 피드백을 통해 감각을 키우는 것도 필요하다.

TIP!! ──── 스윙 분석이 가능한 실외연습장도 더러 있다.

파3 연습장

라운드당 이득 타수Stroke Gained per Round 통계에 따르면 골퍼가 숏게임에서 범하는 실수는 퍼팅 38%, 어프로치 18%로, 총 56%라 하였다. 따라서 숏게임 기술을 향상시키면 스코어 향상에 많은 도움이 된다고 본다. Par3 연습장을 활용하여 숏게임 연습에 좀 더 많은 시간을 할애해 보자.

롱게임은 스코어의 시작이고,
숏게임은 스코어의 완성이다.

강찬욱, 『골프의 기쁨』 저자

효율적인 골프 연습 방법

사람마다 다양한 학습곡선learning curve을 그린다. 새로운 운동 기술을 빠르게 습득하는 사람이 있는가 하면 느리지만, 꾸준히 향상되는 모습을 보이는 사람도 있다. 이처럼 개인마다 학습의 속도는 다르나 효과적인 운동학습 방법을 통해 학습의 능률을 촉진할 수 있다. 골프의 효율적인 학습을 위한 몇 가지 방법에 관해 알아보자!

다양한 학습곡선

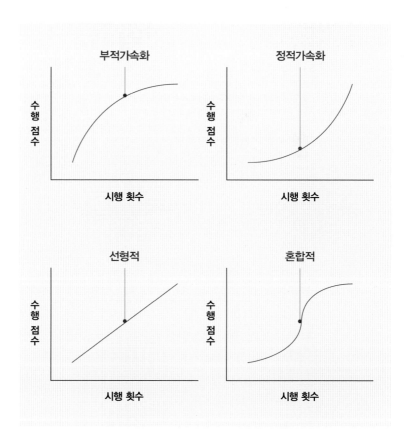

1. 학습 초기 수행을 촉진하는 가장 좋은 방법은 직접 관찰이다.

핏츠(1967) 등은 새로운 운동 기술을 학습하는 과정을 인지 단계(초급), 연합 단계 (중급), 자동화 단계(상급)로 구분하였다. 이 중, 초보 골퍼는 새로운 운동 기술을 수정할 능력은 갖추지 못하였으나, 운동 기술에 대해 인지하는 인지 단계에 있 다. 동료나 지도자, 프로 선수의 시범을 보거나 언어적 설명을 듣는 것만으로도 인지에 많은 도움이 되니, 운동 기술을 관찰할 기회를 많이 만들어 보자. (프로의 스윙 영상, 지도자의 스윙 등)

2. 다양한 보강 피드백을 활용한다.

골프 스윙에 동원되는 신체의 움직임과 각 분절의 협응 관계를 알아보기 위해 비디오나 영상 매체 등 다양한 보강 피드백을 활용한다. 최근에는 AI를 바탕으 로 한 골프 학습 및 골프 코칭 앱이 개발되면서 자신의 스윙을 분석하고 교정해 야 할 구체적인 문제점을 손쉽게 찾을 수 있게 됐다. 다양한 스마트 골프 앱을 활용하는 것을 추천한다.

3. 다양한 연습 방법을 구성한다.

매일 똑같은 방식으로 연습을 하는 것은 학습의 효율을 현저히 떨어트린다. 슈 미트(1975)는 다양한 환경에서의 연습은 폭넓은 운동 경험을 갖게 해 동작과 관 련된 운동 프로그램motor programing을 발전시킨다고 하였다. 다음의 연습 구성을 활 용하여 연습 계획을 짜보자.

- **구획연습과 무선연습을 해본다.**

  구획연습이란 하나의 운동 기술을 학습할 때 변인들을 나누어 각각 할당된 시 간만큼 연습하는 것이다. (예 / 백스윙 5분, 코킹 5분, 다운스윙 5분으로 시간을 배분한 연습 방법) 무선연습은 운동 기술의 변인들을 무작위로 연습하는 것이다. (예 / 다운스윙 과 코킹, 다운스윙과 임팩트 연습과 같이 무작위 연습 방법)

- **집중연습과 분산연습을 해본다.**

  연습시간이 휴식시간보다 길면 집중연습이라 하며, 휴식시간이 연습시간보다 길면 분산연습이라 한다. 운동기술을 향상하기 위해서는 많은 연습이 필요하다. 그러나, 과도한 연습은 피로와 부상이 발생할 가능성이 크다. 또한, 초보자에게 복잡한 운동기술을 분산연습을 통해 관련 운동기술의 수행 방법을 정확하게 전달하는 것이 더욱 효과적이다.

- **전습법과 분습법으로 연습해본다.**
  전습법이란 운동기술 전체를 한 번에 학습하는 것이다. (예 / 골프 스윙의 전체 동작을 한 번에 연습하는 방법) 분습법은 운동 기술 요소를 나눠서 학습하는 것이다. (예 / 드라이버 샷, 어프로치 샷, 아이언샷 등 운동기술을 나눠 연습하는 방법)

4. 심상 훈련image training을 한다.

골퍼가 실제로 운동 수행을 하지 않고 마음속으로 스윙을 하고 플레이를 그려보는 것을 '골프 심상'이라고 한다. 신경심리학자들은 실제로 동작을 마음속으로 그리는 것만으로도 실제 수행할 때와 비슷한 운동 신경의 전달과 근전도가 활성화된다고 하였다. 슬라이스가 나는 구질의 골퍼는 다운스윙 시 클럽이 내 몸 안쪽으로 나온다는 인-아웃 궤도의 스윙을 상상(이미지 트레이닝)해본다. 미세하지만 스윙의 변화가 나타날 수도 있다.

5. 골프일지를 쓴다.

인간은 망각의 동물이다. 운동 수행 중 느낀 바를 기록하고, 잘못된 스윙을 찾아 수정 계획을 미리 세운다.

경향	수정법	체크
탑 볼, 슬라이스 구질	❶ 티를 조정해본다. (낮게 꽂는다.)	V
	❷ 그립을 체크해본다. (스트롱 그립)	
	❸ 왼발을 안쪽으로 이동한다.	V
	❹ 클럽 페이스를 닫아준다.	

골프 데이터의 활용

골프 기기를 활용하여 데이터를 수치화할 수 있고, 이를 분석하여 자신의 거리와 구질을 개선하는데 중요한 정보로 활용할 수 있다. 골퍼가 기본적으로 알아야 할 몇 가지 골프 데이터에 대해 알아보자.

- **Carry Distance(캐리 거리)** : 런을 제외한 거리를 말한다.
- **Total Distance(총 거리)** : 공이 타격 되어 정지하는 시점까지의 거리를 말한다.
- **Spin Rate(회전량)** : 회전축을 중심으로 회전된 양을 말한다.
- **Spin Axis(회전축)** : 회전의 중심을 회전축으로 본다.
- **Face Angle(클럽헤드 각도)** : 클럽 헤드 면과 목표 라인과의 각도를 말한다.
- **Face to Path** : 임팩트 시 헤드 면이 클럽 패스와 이루는 각도를 말한다.
- **Attack Angle(타격 각도)** : 임팩트 시 지면과 클럽과의 각도를 말한다.
- **Launch Angle(발사각)** : 임팩트 직후 공의 비행 각도를 말한다.
- **Ball Speed(공의 속도)** : 임팩트 직후 공의 속도를 말한다.
- **Club Speed(클럽 속도)** : 임팩트 직전의 클럽 속도를 말한다.
- **Smash Factor(정타율)** : 정타로 맞은 비율을 말한다.
- **Club Path(클럽 패스)** : 클럽이 지나가는 길을 말한다.
- **Horizontal Angle(수평각도)** : 임팩트 직후 공의 좌우 각도를 말한다.
- **Apex Height(비행 최고점)** : 비행 중 최고점을 말한다.
- **Side Carry Distance** : 공이 지면에 닿은 시점, 목표 라인에서 벗어난 거리.
- **Side Total Distance** : 런을 포함해 공이 정지된 곳이 목표 라인과 벗어난 거리.

자신의 거리와 구질의 특성을 정확히 알고 있어야 경기 실력을 향상할 수 있다. 예를 들어, 아이언 7번의 비거리를 150m로 알고 샷을 한 경우라면, 140m 캐리 거리에 있는 해저드에 공이 빠질 수도 있다. 자신의 정확한 캐리 거리를 알고 있다면, 해저드를 피해 안정된 샷을 구사할 수 있다. 미국의 한 연구 조사에서 골퍼의 대부분이 자신의 비거리에 대해 과대평가한다고 하였다(Tony, 2018). 정확한 퍼포먼스의 이해가 없으면 최고의 선택을 할 수 없다.

CARRY DISTANCE
캐리 거리

TOTAL DISTANCE
총 거리

SPIN RATE
회전량

SPIN AXIS
회전축

FACE ANGLE
클럽헤드 각도

FACE TO PATH
클럽헤드 목표 라인 각도

ATTACK ANGLE
타격 각도

LAUNCH ANGLE
발사각

BALL SPEED
볼 속도

CLUB SPEED
클럽 속도

SMASH FACTOR
정타율

CLUB PATH
클럽 패스

HORIZONTAL ANGLE
수평 각도

APEX HEIGHT
비행 최고점

SIDE CARRY DISTANCE
사이드 캐리 거리

SIDE TOTAL DISTANCE
사이드 총 거리

골프 심리기술

골프에 자신감이 붙을 즈음 주변에서 레슨을 부탁했다. 스윙에 대해 이것저것 조언해주었고, 더불어 필드 레슨까지 하게 되었다. 그러나, 잘하는 모습을 보여주고 싶은 마음이 점점 심리적 압박감으로 다가왔고, 몸에 힘이 들어가기 시작하며 스윙이 망가지기 시작했다. 라운드가 진행될수록 실수에 얼굴은 더욱 붉어졌고, 자신감 있던 모습은 온데간데없었다. 결국 어디 쥐구멍이라도 숨고 싶은 심정으로 라운드를 마쳤고, 이후, 꽤 오랫동안 골프를 손에 잡지 못했다.

"골프는 멘탈 스포츠다" 골프 황제 잭 니클라우스에 의하면 골프는 기술 20%와 정신력 80%로 경기의 승리를 좌우한다고 하였다. 평소 연습 때는 잘하던 선수가 경기에 나가면 제 실력을 발휘하지 못하는 경우가 있다. 우리는 이것을 운동 기술의 문제라기보다 인간의 의식과 행동을 결정하는 정신적인 문제로 본다. 골프에서 가장 두드러지는 정신적 문제는 '입스yips'로 꼽힌다. 많은 골퍼가 입스로 인해 골프를 그만뒀을 정도로 이는 단순한 문제가 아니다.

입스 Yips

골프에서 '입스'란 플레이의 실패에 대한 불안감이나 앞서 필자의 문제와 같이 지나친 주의 의식 등에 의해 신체 제어가 어려운 상태를 말한다. 이것은 우리의 무의식이 과잉 활성화되어 나타나는 것으로 아무리 의식적으로 제어하려 해도 의지와 상관없이 나타난다. 스미스(2000) 연구의 설문 조사에 따르면 응답자 1031명의 중 50%가 넘는 541명의 골퍼가 입스 경험이 있다고 답변했다. 또한, 아마추어 골퍼들의 골프 입스 현상을 연구한 결과 입스가 발생하는 골프 기술은 퍼팅, 치핑 & 피칭, 우드, 드라이버 순으로 나타났다.

입스 해결 방법
❶ 단순한 호흡이 아닌 하복부에 힘을 주어 복근에 긴장을 주거나, 다른 근육에 힘을 주는 방식으로 의식을 다른 곳으로 분산시킨다. 이는 과잉 활성화된 무의식을 억제할 수 있다.

❷ 자신만의 루틴을 만든다. 루틴으로 자동화된 몸의 움직임을 만들어 다른 잡념을 없애고 자신의 행동에 집중할 수 있도록 한다.

루틴 Routine

루틴이란, 무의식적으로 나타나는 습관이나 일관적인 행동으로, 와인버그와 굴드(1995)는 선수들이 최상의 퍼포먼스를 발휘하는 데 필요한 이상적인 상태를 갖추기 위한 자신만의 고유 동작이나 일련의 순서를 의미한다고 하였다. 루틴은 퍼포먼스에 부정적 영향을 미치는 잡념에서 벗어나게 하고, 오직 행동에만 집중할 수 있도록 해주며, 특히 골프와 같이 자동화된 동작 및 폐쇄 운동 기술에 더욱 효과적이다(부처 & 크루스, 1987).

프리샷 루틴 만들기

본인도 모르는 사이 특정한 동작을 반복하는 행동들이 있다. 그립을 다잡거나, 부드럽게 리듬을 타는 빈 스윙을 하거나, 바람을 체크하고, 얼라이먼트를 하는 등 일련의 순서로 만들어진 반복적인 행동들이다. 이러한 행동을 일련의 순서로 만들고, 매번 같은 순서로 움직이는 루틴을 만든다. 이러한 루틴은 불안과 부담감, 스윙에 대한 복잡한 생각에서 벗어날 수 있고 집중을 넘어 몰입의 단계까지 이를 수 있다.

루틴의 구성

❶ 목표물 확인하기
❷ 빈스윙 하기(2~3번)
❸ 셋업하기(볼 위치, 그립, 얼라이먼트 등)
❹ 왜글waggle하기
❺ 타겟 재확인하기
❻ 스윙

골프 손상 예방

골프 손상의 원인으로는 불충분한 준비 운동과, 잘못된 스윙 메커니즘, 근력과 유연성의 결핍, 부정확한 자세의 연습 등이 있다. 매크롤(1990) 등은 무리한 연습으로 인해 손상을 입는 프로골퍼와 달리 아마추어 골퍼는 나쁜 스윙 메커니즘으로 반복된 연습이 인대에 무리를 가져온다고 하였다. 가장 대표적인 아마추어 골퍼의 손상은 흉추와 팔꿈치, 손목 그리고 어깨 순으로 손상 빈도가 높다. 그러니, 여성 골퍼의 경우 남성 골퍼보다 유연성은 좋으나, 근력이 부족하여 척추 손상의 빈도는 현저히 낮지만, 상지의 골프 손상 빈도는 높은 편이다. 골프는 허리의 유연성과 상지의 근력이 요구되는 운동이다.

도구를 이용한 골프 손상 예방 및 근력 운동

골프를 오래도록 건강하게 즐기기 위해서는 그만한 기준의 근력 운동과 손상 예방 운동을 해주어야 한다. 근력 운동을 위한 다양한 도구가 있으나, 무겁지 않아 손쉽게 가지고 다닐 수 있으며 협소한 장소에서도 언제든지 활용 가능한 고무 밴드를 추천한다.

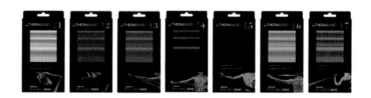

고무 밴드 – 세라밴드Thera band
고무의 부드러운 탄성 저항을 이용하여 만든 밴드로, 다양한 색상 중 자신에게 맞는 저항력의 고무 밴드를 선택하여, 근력 운동 및 재활 운동을 할 수 있다. 일반적으로 노란색 밴드와 같이 탄성 저항력이 낮은 밴드는 시니어나 어린이가 사용하며, 빨간색은 성인 여성이 사용한다. 세라 밴드 색상은 대체로 10-15회의 운동을 반복하였을 때 무리 없는 색상으로 선택하는 것이 좋다.

팔꿈치 손상 및 손목 관절 손상 예방 운동

대표적인 팔꿈치 손상으로는 골프엘보^{Golf's elbow}와 테니스 엘보^{Tennis elbow}가 있다.

- **골프엘보:** 팔꿈치의 안쪽, 내측상과염medial epicondylitis으로 인한 통증이며, 주로 오른팔에서 나타난다. 이는 반복적인 근육의 강한 수축이나 뒤땅에 의한 강한 저항에 노출되었을 때 발생한다.
- **테니스 엘보:** 팔꿈치의 바깥쪽, 외측상과염lateral epicondylitis으로 인한 통증이며, 주로 왼팔에서 통증이 발생한다. 스윙 시 반복적인 아래팔lower limb의 저항성 회외전pronation에 의해 통증이 유발된다.
- **건염:** 가장 흔한 손목 손상은 손목 주변의 건염tendinitis 또는 건초염tenosynovitis이다. 이러한 손상은 백스윙 시, 백스윙 정점에서의 늦은 코킹으로 인한 과도한 손목 힘의 사용과 다운스윙 시 이른 코킹의 풀림으로 인해 공이 아닌 물체에 반복적으로 강하게 부딪히면서 발생한다.

펌(extension)

운동 방법

리스트 컬^{wrist curl}을 통해 전완근을 강화한다. 전완근은 손목에서 팔꿈치까지 연결되어 손목을 굽히는 동작을 가능하게 하는 근육이다.

❶ 양발로 밴드를 고정한다.

❷ 먼저 손바닥이 위를 향하도록 하여 밴드를 잡는다.

❸ 다른 관절은 움직이지 않고 손목만을 사용하여 밴드를 당긴다.

❹ 모든 방향으로 밴드를 당겨준다(4방향, 15회 3세트 권장).

굽힘(flexion)

가동성^{Mobility}과 안정성 ^{Stability} 강화 운동

골프의 백스윙과 비슷한 동작의 강화 운동으로 관절이 움직일 수 있는 범위의 근육을 강화해준다.

골프의 가동성^{Mobility} 강화 운동

밴드를 양 끝으로 잡아당기는 동작으로 이전 동작과 마찬가지로 스윙의 전반적인 근력을 강화해주는 동작이다.

❶ 고무 밴드의 끝부분을 발바닥에 고정한다. 〉밴드를 두 손으로 백스윙의 탑까지 잡아당긴다. 〉발을 바꾸어 반대 동작을 한다(백스윙과 폴로스루가 안정적으로 이루어질 수 있도록 관련 근력mobility을 강화해주는 동작이다).

❷ 양손으로 밴드를 잡는다. 〉골프 스윙과 같이 허리 회전을 하고 밴드를 양 끝으로 잡아당긴다.

골프의 안정성Stability 강화 운동

스윙의 중심축이 흔들리지 않도록 안정성을 강화해주는 운동이다. 다리를 모아 무릎을 가슴 앞으로 가져온 뒤 세라 밴드를 정강이에 올려준다. 〉 양손으로 세라 밴드를 잡고, 바닥으로 지그시 누른다. 〉 코어와 삼두근에 힘이 들어가는 것을 느끼며 세라 밴드를 잡은 두 손의 힘을 이완했다가 다시 지그시 누른다.

골프장

세계에는 약 3만 3천 개의 골프 코스가 있는데, 미국이 그 절반인 1만 6천여 코스를 가지고 있다. 로얄 앤드 앤시언트 골프 클럽 오브 세인트 앤드류스R&A; Royal and Ancient Golf Club of st. Andrews에 따르면 우리나라 골프장 수는 447개이며, 810개의 코스를 갖고 있다. 이는 전 세계 8위에 해당하는 수준이며, 아시아권에서는 2위 수준이다.

골프 메이저 대회

- **남자** : PGAProfessional Golf Association of America(미국프로골프협회)의 4대 메이저 대회 – 마스터스(4월) / PGA 챔피언십(5월) / US오픈(6월) / 디 오픈 챔피언십(7월)
골프계의 전설 잭 니클라우스Jack William Nicklaus는 본 메이저 대회에서 18번의 우승을 차지했으며, 3번의 커리어 그랜드 슬램을 달성하였다.
- **여자** : LPGALadies Professional Golf Association(미국여자프로골프협회)의 5대 메이저 대회 – US 여자오픈 / KPMG 위민스 PGA 챔피언십(구 LPGA 챔피언십) / 에비앙 챔피언십 / AIG 위민스 오픈 / 더 셰브론 챔피언십
이 대회를 모두 석권하면 '그랜드 슬램'이다. 우리나라는 2016년, 박인비 선수가 최초로 커리어 골든 그랜드 슬램을 달성하였다.

골프장의 잔디

현재 우리나라 골프장에 쓰이는 잔디는 양잔디(한지형 잔디)와 조선 잔디(난지형 잔디)이다. 양잔디는 짧고 정돈된 모양으로 자라며, 서늘한 곳에서도 잘 자라 추운 겨울에도 녹색을 유지한다. 또한, 잎이 가늘어 부드럽고, 생육이 활발해 복구도 빠르다. 양잔디는 잎이 부드러워 스핀을 구사하기 좋지만, 뒤땅 발생 시 클럽의 힘을 흡수하여 거리 손실이 크다는 단점이 있다.

조선 잔디는 따뜻한 곳에서 자라며, 잎이 길고 억세다. 억센 잔디 덕에 공이 잔디 위에 떠 있어 쓸어치는 초보자에게 이점이 있지만, 반면에 백스핀을 구사하

기에는 어렵다는 단점이 있다. 또한, 추운 겨울을 견디기 어려워 파릇파릇하지 못해 다소 미적으로 떨어진다.

타수 계산

타수 계산을 하기 위해서는 먼저 정규타수와 기준타수를 알아야 한다. 정규타수는 각 홀당 정해진 타수(노란색 표)이고, 기준타수(72타)는 홀의 정해진 타수를 모두 더한 총 타수이다. 골프는 이 기준타수(72타)보다 총 타수가 적으면 적을수록 이기는 스포츠다. 골퍼가 레드 티 기준으로 첫 번째 홀 Par5(453yard)에서 5타째 공을 홀에 넣으면 파par이다. 따라서 코스의 길이는 Par5 홀보다 4타째 공을 홀에 넣으면 파par가 되는 Par4 홀이 전장 거리가 더 짧다(각 홀의 yard를 비교해 보자.).

Hole	1	2	3	4	5	6	7	8	9	IN
Blue	541	215	403	391	410	392	178	373	540	3443
White	465	196	374	360	385	341	169	351	470	3111
Red	453	146	328	306	314	322	151	305	405	2730
Par	5	3	4	4	4	4	3	4	5	36
서지유	1	0	1	1	−1	0	0	2	0	
차승민	?	1	1	0	0	1	4	0	0	

Hole	10	11	12	13	14	15	16	17	18	OUT	TOTAL
Blue	468	450	576	425	164	591	177	365	416	3634	7077
White	422	413	530	378	154	511	143	330	393	3274	6385
Red	367	352	510	350	128	468	131	252	270	2828	5558
Par	4	4	5	4	3	5	3	4	4	36	72
서지유	0	0	−1	0	−2	0	1	1	0		
차승민	1	2	2	1	2	1	0	0	4		

- 각 홀의 정규타수보다 적게 쳤을 경우

  -1 ——————— 버디

  -2 ——————— 이글

  -3 ——————— 알바트로스

  ——————— 홀인원

- 각 홀의 정규타수보다 많이 쳤을 경우

  +1 ——————— 보기

  +2 ——————— 더블보기

  +3 ——————— 트리플 보기

  +4 ——————— 쿼드러플 보기

  기준 ——————— Par3×2=6 (더블파 '양파')

예시 문제

Question

1 ——————— 차승민은 Par5 1홀에서 6번 만에 홀에 넣었다.

——————— 스코어 카드에는 숫자 몇을 적어야 하는가?

2 ——————— Par4 홀에서 3번 만에 공을 홀에 넣었다.

3 ——————— Par3 홀에서 단 한 번에 공을 홀에 넣었다.

4 ——————— Par5 홀에서 8번 만에 공을 홀에 넣었다.

Answer

1 ——————— 1 보기. 정규타수 5타^{par5}보다 1타를 더 쳤다는 뜻이므로,

1(보기)를 적는다.

2 ——————— -1 버디

3 ——————— 홀인원

4 ——————— 3 트리플 보기

기타

➊ 이븐파even par는 파와 같은 용어로 쓰일 수 있다. 18홀을 모두 끝냈을 때 최종 스코어가 기준타수와 동일하면 이븐파다. 즉, 기준타수가 72타이므로 72타에 맞춰 라운드를 끝냈다는 뜻이다.

➋ 언더파under par는 기준타수 72타보다 적은 스코어로 라운드를 마쳤다는 뜻이다. '언더'를 쳤다고 하면, 상당한 실력자로 본다.

➌ 오버파over par는 기준타수 72타보다 오버된 스코어로 라운드를 마쳤다는 뜻이다. 예를 들어, 총 타수가 78타가 나왔다면, 5오버를 했다고 보통 말한다.

➍ 싱글single은 아마추어 골퍼들 사이에서 통용되는 단어로 72타를 기준으로 오버 타수가 1~9인 한자리 수 안에서 라운드를 마쳤다면 싱글이라고 한다. 누군가가 싱글이라고 한다면, 81타 이하를 친다는 것으로 이해하면 되겠다.

타수	Par3	Par4	Par5
−3		홀인원	알바트로스
−2	홀인원	이글	이글
−1	버디	버디	버디
0	파	파	파
1	보기	보기	보기
2	더블보기	더블 보기	더블 보기
3	더블파	트리플 보기	트리플 보기
4	−	더블 파	쿼드러플 보기
5	−		더블 파

골프 구질을 나타내는 용어

스트레이트(straight) — 공이 목표물을 향해 똑바로 날아가는 구질

드로우(draw) — 공이 오른쪽으로 출발하여 왼쪽으로 휘어지는 구질

페이드(fade) — 공이 왼쪽으로 출발하여 오른쪽으로 휘어지는 구질

훅(hook) — 공이 왼쪽으로 크게 휘어지며 골퍼가 목표한 곳으로부터 왼쪽으로 멀어지는 구질

슬라이스(slice) — 공이 오른쪽으로 크게 휘어지며 골퍼가 목표한 곳으로부터 오른쪽으로 멀어지는 구질

풀(pull) — 골퍼가 정렬한 방향의 왼쪽으로 똑바로 날아가는 구질

푸시(push) — 골퍼가 정렬한 방향의 오른쪽으로 똑바로 날아가는 구질

골프 샷과 관련된 용어

샷(shot) — 공중으로 멀리 치는 것을 말한다.

퍼트(put) 그린에서 공을 홀에 넣기 위해 치는 것을 말한다.

투온/쓰리온(two on/three on) — 샷을 두 번이나 세 번 쳐서 공을 그린에 올려놓는 것을 말한다.

티업(tee up) — 각 홀hole에서 경기를 시작하기 위해 티tee에 공을 놓고 치는 것을 말한다.

티오프(tee off) — 공을 받쳐 놓는 핀 위에 공을 올려놓고 침으로써 플레이가 시작되는 것을 말한다.

티샷(tee shot) — 홀에서 경기를 시작할 때 처음 치는 행위를 말한다.

칩샷(chip shot) — 20m 이내의 그린 안팎에서 홀을 향해 공을 쳐올리는 것을 말

한다.

어프로치샷(approach shot) — 그린 주변 100m 이내의 거리에서 공을 홀컵에 넣기 위한 샷을 말한다.

익스플로전샷(explosion shot) — 벙커에서 공보다 모래를 먼저 치면서 공과 모래가 폭발하듯이 튀어 오르게 하는 샷을 말한다.

피치마크(pitch mark) — 공이 떨어져 그 충격으로 그린이 움푹 파인 곳을 말한다.

다운블로(down blow) — 백스윙 탑에서 공을 치기 위해 클럽헤드가 내려오는 과정을 말한다.

디봇(divot) — 임팩트 순간 잔디가 깎여져 나간 곳을 말한다.

더프샷/청크샷(duff shot/chunk shot) — 뒤땅. 공을 가격하기 전에 클럽이 뒤땅에 먼저 닿는 것을 말한다.

샹크(shank) — 공을 스위트 스폿에 맞추지 못해 엉뚱한 방향으로 날아가는 것을 말한다.

골프 스윙과 관련된 용어

하프스윙(half swing) — 풀스윙의 반 정도를 스윙하는 것을 말한다.

쓰리쿼터 스윙(three quarter swing) — 전체 스윙의 4분의 3정도로 스윙하는 것을 말한다.

스윙 플레인(swing plane) — 전체 스윙의 궤도를 말한다.

업라이트 스윙(upright swing) — 지면과 수직에 가까운 높은 백스윙의 스윙 궤도를 말한다.

플랫 스윙(flat swing) — 지면과 수평에 가까운 낮은 백스윙의 스윙 궤도를 말한다.

오버스윙(over swing) — 백스윙 탑에서 클럽이 지면과 수평 이상으로 넘어가는 스윙을 말한다.

원 플레인 스윙(one plane swing) — 백스윙과 다운스윙의 궤도가 하나의 평면에 있는 스윙을 말한다.

투 플레인 스윙(two plane swing) — 백스윙과 다운스윙의 궤도가 달라 두 개의 면을 만드는 스윙을 말한다.

골프 타수와 관련된 용어

파(par) — 티를 출발하여 홀을 마치기까지의 정해진 타수

오버 파(over par) — 규정 타수(파)보다 많은 타수

이븐 파(even par) — 파와 같은 수의 타수 또는 규정 타수와 같은 타수

언더 파(under par) — 규정 타수(파)보다 적은 타수

버디(birdie) — 한 홀에서 파보다 하나 적은 타수로 홀인하는 것

이글 (eagle) — 한 홀에서 파보다 2개 적은 타수로 홀인하는 것

알바트로스(albatross) — 한 홀에서 파보다 3타 적게 홀인하는 것

보기(bogey) — 한 홀에서 파보다 하나 많은 타수로 홀인하는 것

더블보기(double bogey) — 한 홀에서 파보다 2타 많은 타수로 홀인하는 것

트리플보기(triple bogey) — 한 홀에서 파보다 3타 많은 타수로 홀인하는 것

홀인원(hole in one) — 티 그라운드에서 한 타로 볼이 홀에 들어가는 것

골프장 가격 및 필드 용어

그린피 — 골프 코스 사용료

캐디피 — 플레이를 원활하게 도와주는 캐디에게 지불하는 비용. 홀이 끝난 후 현금으로 준비, 기존 12만원에서 13~ 14만원으로 인상.

카트피 — 카트 사용료

회원제 골프장 — 멤버십 회원제로 운영되는 골프장

퍼블릭 골프장 — 회원제가 아닌 대중에게 개방된 골프장

한국에서 사용되는 골프 은어 또는 신조어

오잘공 — 오늘 제일 잘 친 공

어잘공 — 어쩌다 잘 친 공

지잘공 — 지금까지 제일 잘 친 공

손오공 — 손님이 오늘 제일 잘 친 공

오케이(컨시드) — 한 번에 퍼트 안에 홀인 할 수 있을 경우 동반자가 오케이를 외치면, 이후의 퍼트를 면제해주는 것이다.

오바마 — 오케이(컨시드)를 바라지 말고 마크를 하라는 뜻

머리 올린다 — 처음 필드를 나가는 경우를 '머리 올린다'고 표현

그늘집 — 골프장 홀 중간에 마련된 장소로 식음료를 파는 곳

B2B — 벙커에서 벙커로 들어간 경우를 뜻함. Bunker to Bunker.

월백 — 100 타수 이하 골퍼가 100대를 넘어가는 경우

깨백 — 처음으로 100 타수 아래로 진입한 경우

백돌이 — 100대 타수에 머물러 있는 골퍼를 지칭

일파만파 — 첫 홀에서 한 명이 파를 하고, 나머지 동반자 모두 파를 기록하는 경우

뽕샷 — 위로 치솟다가 바로 떨어지는 샷

뱀샷 — 탄도가 낮아 페어웨이를 뱀처럼 기어간다는 뜻. 또는 왼쪽, 오른쪽으로

휘어가는 공을 뜻함

쪼루 — 거리가 매우 짧은 샷. 드라이버 티샷에서 사용되는 은어

골린이 — 골프와 어린이를 합성한 단어로 골프 초보자를 뜻함

골푸어 — 카푸어처럼 골프 용품에 무리하게 돈을 쓰는 사람을 지칭

스골 — 스크린 골프의 줄임말

명랑골프 — 타수에 연연하지 않고 명랑하게 즐기는 골프를 뜻함

구찌 — 상대방의 집중력을 흩트리기 위해 말과 행동으로 방해하는 것

골프스타그램 — 골프와 관련된 사진을 주로 올리는 소셜미디어 인스타그램 계정

배꼽 나왔다 — 티박스 기준보다 앞에 티를 꽂은 경우

도로공사 협찬 — 공이 도로에 맞고, 그린 쪽으로 굴러가 평소 비거리보다 더 멀리 나온 럭키샷

라베 — 'lifetime best score'로 인생 최고의 타수(스코어)

아우디파 — 파를 4번 연속으로 한 경우, 아우디 엠블럼과 표기가 비슷하다고 해서 부르는 말

오륜기 — 파를 5번 연속으로 한 경우, 올림픽 오륜기와 표기가 비슷하다고 해서 부르는 말

떳장 — 골프클럽 헤드에 뜯긴 잔디조각

참고문헌 및 자료

김선진. (2010). 운동학습과 제어. 대한 미디어.

"네이버 지식백과" 스포츠백과. 대한체육회.

이현우. (2006). 아마추어 골프선수들의 골프입스 현상에 대한 신경심리학적 탐색. 한국스포츠심리학회지, 17(4), 215-227.

정재욱, 송영훈, & 서혜진. (2020). 내적 타이밍 과제에서 동작의 연속성과 속도에 따른 타이밍 제어 전략: 메트로놈 동기화 훈련의 적용. 한국스포츠심리학회지, 31(4), 127-142.

매경 이코노미, (2021년 7월 7일). 임성재 "좋은 스윙 핵심은 一字 테이크 어웨이"

Fitts, P. M. & Posner, M.I.(1967) Human performance. Books & Cole, Belmont: California.

Schmidt, R. A.(1975). A scheme theory of discrete motor skill learning. Psychological Review, 82, 225~260.

McCarroll, J. R., Rettig, A. C., & Shelbourne, K. D. (1990). Injuries in the amateur golfer. The Physician and Sports medicine, 18(3), 122-126.

Weinburg, R. S., & Gould, E. (1995). Foundation of sport and exercise psychology. Champaign. IL: Human Kinetics.

Boutcher, S. H., & Crew, D. J. (1987). The effect of a pre-shot attentional routine on a well-learned skill. International Journal of Sport Psychology, 18, 30-39

Moore, W. E. (1986). Covert-overt service routines: The effects of a service routine training program on elite tennis players. Unpublished doctoral dissertation, University of Virginia.

Smith, A. M., Malo, S. A., Laskowski, E. R., Sabick, M., Cooney, W. P., Finnie, S. B., ... & Kaufman, K. (2000). A multidisciplinary study of the 'yips' phenomenon in golf. Sports medicine, 30(6), 423-437.

Sweeney, M., Mills, P., Alderson, J., & Elliott, B. (2011). The importance of Wrist Flexion and X-Factor in the Golf Swing: A Forward Kinematic Approach. In ISBS-Conference Proceedings Archive.

https://shotscope.com/blog/stats/what-is-strokes-gained

https://mygolfspy.com/results-the-mygolfspy-distance-survey-does-the-ball-go-too-far

시작해!! 골프

초판 1쇄 펴낸 날 | 2022년 10월 28일

지은이 | 서혜진, 문성모
펴낸이 | 홍정우
펴낸곳 | 브레인스토어

책임편집 | 김다니엘
편집진행 | 차종문, 박혜림
디자인 | 참프루, 이예슬
마케팅 | 육란

주소 | (04035) 서울특별시 마포구 양화로 7안길 31(서교동, 1층)
전화 | (02)3275-2915~7
팩스 | (02)3275-2918
이메일 | brainstore@chol.com
블로그 | https://blog.naver.com/brain_store
페이스북 | http://www.facebook.com/brainstorebooks
인스타그램 | http://www.instagram.com/brainstore_publishing

등록 | 2007년 11월 30일(제313-2007-000238호)

© 브레인스토어, 서혜진, 문성모, 2022
ISBN 979-11-88073-99-3 (03690)